The Emperor in Hell

A Story in Traditional Chinese and Pinyin,
600 Word Vocabulary Level
Includes English Translation

Book 5 of the *Journey to the West* Series

Written by Jeff Pepper
Chinese Translation by Xiao Hui Wang

Based on chapters 10 and 11 of the original Chinese novel
Journey to the West by Wu Cheng'en

This is a work of fiction. Names, characters, organizations, places, events, locales, and incidents are either the products of the author's imagination or used in a fictitious manner. Any resemblance to actual persons, living or dead, or actual events is purely coincidental.

Copyright © 2017 – 2022 by Imagin8 Press LLC, all rights reserved.

Published in the United States by Imagin8 Press LLC, Verona, Pennsylvania, US. For information, contact us via email at info@imagin8press.com, or visit www.imagin8press.com.

Our books may be purchased directly in quantity at a reduced price, visit our website www.imagin8press.com for details.

Imagin8 Press, the Imagin8 logo and the sail image are all trademarks of Imagin8 Press LLC.

Written by Jeff Pepper
Chinese translation by Xiao Hui Wang
Cover design by Katelyn Pepper and Jeff Pepper
Book design by Jeff Pepper
Artwork by Next Mars Media, Luoyang, China
Audiobook narration by Junyou Chen

Based on the original 16th century Chinese novel by Wu Cheng'en

ISBN: 978-1952601163
Version 13

The Emperor in Hell

Acknowledgements

We are deeply indebted to the late Anthony C. Yu for his incredible four-volume translation, *The Journey to the West* (University of Chicago Press, 1983, revised 2012).

We have also referred frequently to another unabridged translation, William J.F. Jenner's *The Journey to the West* (Collinson Fair, 1955; Silk Pagoda, 2005), as well as the original Chinese novel 西遊記 by Wu Cheng'en (People's Literature Publishing House, Beijing, 1955). And we've gathered valuable background material from Jim R. McClanahan's *Journey to the West Research Blog* (www.journeytothewestresearch.com).

And many thanks to the team at Next Mars Media for their terrific illustrations, Jean Agapoff for her careful proofreading, and Junyou Chen for his wonderful audiobook narration.

Audiobook

A complete Chinese language audio version of this book is available free of charge. To access it, go to YouTube.com and search for the Imagin8 Press channel. There you will find free audiobooks for this and all the other books in this series.

You can also visit our website, www.imagin8press.com, to find a direct link to the YouTube audiobook, as well as information about our other books.

Preface

This book is based on chapters 10 and 11 of *Journey to the West* (西遊記, xī yóu jì), an epic novel written in the 16th Century by Wu Chen'en. *Journey to the West* is loosely based on an actual journey by the Buddhist monk Xuanzang, who traveled from the Chinese city of Chang'an westward to India in 629 A.D. and returned 17 years later with priceless knowledge and texts of Buddhism. Over the course of the book the band of travelers face the 81 tribulations that Xuanzang had to endure to attain Buddhahood.

Each book in our *Journey to the West* series covers a short section of the original 2,000-page novel. The first three books in the series – *The Rise of the Monkey King*, *Trouble in Heaven* and *The Immortal Peaches* – all focus on Sun Wukong, the Monkey King, and the fourth book, *The Young Monk*, introduces Xuanzang.

This book, the fifth in the series, tells the last story leading up to the actual journey to the west, which starts in Book 6. While the book has some light moments, it also has some of the darkest and most frightening scenes of all the stories we've told so far, with a series of horrifying visions of after-death punishment of evildoers that are reminiscent of those in Dante's *Inferno*.

The story starts innocently enough, with two good friends chatting as they walk home after eating and drinking at a local inn. One of the men, a fisherman, tells his friend about a fortune-teller who advises him on where to find fish. This seemingly harmless conversation between two minor characters triggers a series of events that eventually cost the life of a supposedly immortal being, and cause the great Tang Emperor himself to be dragged down to the underworld.

In Chinese popular religion, the underworld (地獄, dìyù, literally "ground prison") is not a final destination for sinners as hell is for Christians, but a transitory place that every deceased soul must pass through. The cosmos is divided into three domains: Earth, Heaven, and the underworld. Every being has a soul that survives after death, and upon death the soul leaves the body and travels to the underworld, where it is judged, punished if necessary, and then assigned to its next earthly life for rebirth.

For the Chinese, the underworld is a stable and orderly place, with clerks, bureaucrats, ministers and kings all charged with keeping the afterlife running smoothly. As the Emperor Taizong discovers, there are even opportunities for financial transactions! The underworld looks a lot like the Earth, except that its inhabitants are all deceased souls waiting for reincarnation.

As you can see from the cover illustration, souls leave the underworld via the great Wheel of Rebirth. Six paths lead out of the underworld, each one leading to a Gate of Rebirth. Five of the paths are desireable (or at least tolerable), but a sixth one, the Path of Demons, is reserved for souls who must reincarnate as demons and monsters.

Taizong, the hero of the story in this book, was already a

wise and compassionate ruler before his unexpected death, journey through the underworld, and return to life. He emerges with even more resolve to rule in accordance with the teachings of the Buddha. We will see later in Book 6 that he will need all his inner strength and clarity of vision to properly set Xuanzang on the path to the west.

All of the stories in this series are all written in simple language suitable for beginning Chinese learners at the 600 word HSK3 level. Whenever we introduce a word or phrase that isn't part of HSK3 and was not already defined in a previous book, it's defined in a footnote on the page where it first appears. All words are listed in the glossary at the end.

In the main body of the book, each page of Chinese characters is matched with a facing page of pinyin. This is unusual for Chinese novels but we feel it's important. By including the pinyin, as well as a full English version and glossary at the end, we hope that every reader, no matter what level of mastery they have of the Chinese language, will be able to understand and enjoy the story we tell here.

Our website, www.imagin8press.com, contains links to other books you might enjoy, including other books in this series as they become available.

We hope you like this book, and we'd love to hear from you! Write us at info@imagin8press.com.

Jeff Pepper and Xiao Hui Wang
Pittsburgh, Pennsylvania, USA

The Emperor in Hell
地獄裡的皇帝

Dì 10 Zhāng

Qīn'ài de háizi, wǒ zhīdào nǐ hěn lèi. Dànshì jīntiān wǎnshàng wǒ yào gěi nǐ jiǎng yí gè hěn hǎo tīng de gùshì! Wǒ huì gěi nǐ jiǎng sān wèi hěn qiángdà hěn yǒumíng de rén: Yí gè shì zhù zài Cháng'ān gōngdiàn lǐ de huángdì, yí gè shì cōngmíng de chéngxiàng, hái yǒu yí gè shì zhù zài hé lǐ de Lóng Wáng.

Rénmen shuō yìtiáo dàhé zǒng shì cóng yìtiáo xiǎo xī kāishǐ, suǒyǐ jīntiān wǎnshàng de gùshì shì cóng liǎng gè hěn pǔtōng de rén kāishǐ, yí gè shì kǎn mùtou de rén, lìng yí gè shì zhuā yú de rén. Zhè liǎng gè rén suīrán búshì dúshūrén, dànshì hěn cōngmíng, xǐhuān shuōhuà. Tāmen liǎng gè rén yěshì fēicháng hǎo de péngyǒu. Měitiān, zhuā yú de rén mài tā zhuā dào de yú, kǎn mùtou de rén mài tā kǎn de mùtou, měitiān jiéshù de shíhòu, tāmen huì zài yì jiā xiǎo jiǔdiàn jiànmiàn, yìqǐ chī wǎnfàn, hējiǔ, shuōhuà.

第 10 章

親愛的孩子，我知道你很累。但是今天晚上我要給你講一個很好聽的故事！我會給你講三位很強大很有名的人：一個是住在<u>長安</u>宮殿裡的皇帝，一個是聰明的丞相，還有一個是住在河裡的<u>龍王</u>。

人們說一條大河總是從一條小溪[1]開始，所以今天晚上的故事是從兩個很普通[2]的人開始，一個是砍木頭的人，另一個是抓魚的人。這兩個人雖然不是讀書人，但是很聰明，喜歡說話。他們兩個人也是非常好的朋友。每天，抓魚的人賣他抓到的魚，砍木頭的人賣他砍的木頭，每天結束的時候，他們會在一家小酒店見面，一起吃晚飯、喝酒、說話。

---

[1] 溪　　xī – stream
[2] 普通　pǔtōng – ordinary

Yìtiān wǎnshàng, tāmen chī wán fàn hē wán jiǔ yǐhòu, zài Jīng hé pángbiān de yìtiáo xiǎo lùshàng yìqǐ zǒu huí jiā. Tāmen dōu hē zuì le, měi gè rén shǒu lǐ dōu názhe yì píng jiǔ.

"Wǒ de péngyǒu," kǎn mùtou de rén shuō, "wǒ rènwéi xiǎng yào chéngwéi yǒumíng de rén huì yīnwèi míng méiyǒu le shēngmìng, xiǎng yào chéngwéi yǒu qián de rén huì yīnwèi qián bú kuàilè. Wǒmen de shēnghuó hǎo duō le, yīnwèi wǒmen méiyǒu míng yě méiyǒu qián. Wǒmen zhù zài héliú fùjìn de měilì de shān lǐ, wǒmen hái xūyào gèng duō ma?"

"Nǐ shuō dé duì," zhuā yú de rén shuō, "wǒmen dōu yǒu kuàilè de shēnghuó, wǒmen dōu zhù zài měilì de dìfāng. Dàn wǒ de hé bǐ nǐ de shān gèng hǎo. Wǒ měitiān dōu zuò wǒ de xiǎochuán zài hǎi shàng yóuwán. Wǒ de péngyǒu shì tàiyáng, fēng, tiānshàng de niǎo, hé lǐ de yú. Wǒ měitiān dōu kàn dào wǒ de qīzi hé érzi. Wǒ de xīnlǐ hěn míngbái, wǒ méiyǒu máfan shì, suǒyǐ wǎnshàng shuì dé hěn hǎo."

一天晚上,他們吃完飯喝完酒以後,在涇河旁邊的一條小路上一起走回家。他們都喝醉了,每個人手裡都拿著一瓶酒。

"我的朋友,"砍木頭的人說,"我認為想要成為有名的人會因為名沒有了生命,想要成為有錢的人會因為錢不快樂。我們的生活好多了,因為我們沒有名也沒有錢。我們住在河流附近的美麗的山裡,我們還需要更多嗎?"

"你說得對,"抓魚的人說,"我們都有快樂的生活,我們都住在美麗的地方。但我的河比你的山更好。我每天都坐我的小船在海上遊玩。我的朋友是太陽、風、天上的鳥、河裡的魚。我每天都看到我的妻子和兒子。我的心裡很明白,我沒有麻煩事,所以晚上睡得很好。"

他們都喝醉了,每個人手裡都拿著一瓶酒.

Tāmen dōu hē zuì le, měi gè rén shǒu lǐ dōu názhe yì píng jiǔ.

They were both a little drunk, and each held a bottle of wine in his hand.

"Bù, wǒ de péngyǒu," kǎn mùtou de rén shuō, "nǐ cuò le. Wǒ de sēnlín bǐ nǐ de hé hǎoduō le. Chūntiān lǐ de měi yì tiān wǒ dōu huì zǒu jìn shùlín, kuàilè de tīngzhe niǎo er chànggē. Xiàtiān de shíhòu, wǒ de sìzhōu dōu shì huāxiāng. Ránhòu shì qiūtiān, ránhòu shì hěn lěng de dōngtiān. Wǒ zhèlǐ méiyǒu dàwáng, méiyǒu zhǔrén. Yì nián sì gè jìjié lǐ wǒ dōu hěn kuàilè!"

Jiù zhèyàng, kǎn mùtou de rén hé zhuā yú de rén zài huí jiā de lùshàng shuōzhe tāmen de shēnghuó, gōngzuò hé zìjǐ de jiā, tāmen dōu shuō zìjǐ de shēnghuó bǐ lìng yí gè de hǎo. Zuìhòu, tāmen dào le yí gè dìfāng, zài nàlǐ yìtiáo lù wǎng dōng, lìng yìtiáo lù wǎng xī. Xiànzài shì liǎng gè péngyǒu shuō zàijiàn de shíhòu le.

"Xiǎoxīn, wǒ de lǎo péngyǒu," zhuā yú de rén shuō, "nǐ míngtiān páshān de shíhòu, xiǎoxīn lǎohǔ. Rúguǒ lǎohǔ chī le nǐ, wǒ huì xiǎng nǐ de!"

"不，我的朋友，"砍木頭的人說，"你錯了。我的森林比你的河好多了。春天裡的每一天我都會走進樹林，快樂地聽著鳥兒唱歌。夏天的時候，我的四周都是花香。然後是秋天，然後是很冷的冬天。我這裡沒有大王，沒有主人[3]。一年四個季節裡我都很快樂！"

就這樣，砍木頭的人和抓魚的人在回家的路上說著他們的生活、工作和自己的家，他們都說自己的生活比另一個的好。最後，他們到了一個地方，在那裡一條路往東，另一條路往西。現在是兩個朋友說再見的時候了。

"小心，我的老朋友，"抓魚的人說，"你明天爬山的時候，小心老虎。如果老虎吃了你，我會想你的！"

---

[3] 主人　　zhǔrén – host, master

Kǎn mùtou de rén shēngqì le, hǎn dào, "Nǐ zěnme zhème bèn! Hǎo péngyǒu huì wèi le péngyǒu qù sǐ. Dàn xiànzài nǐ shuō wǒ kěnéng huì bèi lǎohǔ chī le? Nàme, nǐ kěnéng huì diào rù hé lǐ sǐqù! Méiyǒu rén zhīdào míngtiān huì yǒu shénme shìqing."

Zhuā yú de rén méiyǒu shēngqì, tā huídá shuō, "A, dàn wǒ zhīdào míngtiān huì yǒu shénme shìqing."

"Nǐ zěnme zhīdào de?" Kǎn mùtou de rén kūzhe shuō.

Zhuā yú de rén shuō, "Wǒ yào gàosù nǐ yí gè mìmì. Zài Cháng'ān chéng xīmén fùjìn de yìtiáo xiǎo lùshàng, yǒu yí gè rén néng kàn dào wèilái. Wǒ měitiān dōu qù zhǎo tā. Wǒ gěi tā yìtiáo yú, tā jiù gàosù wǒ dì èr tiān zài nǎlǐ kěyǐ diào dào gèng duō de yú. Wǒ yǐjīng tīng tāde huà yìbǎi cì le, tā yícì dōu méiyǒu cuòguò. Jiù zài jīntiān, tā gàosù wǒ míngtiān qù Jīng hé diàoyú de dìfāng. Wǒ huì xiàng tā shuō de nàyàng qù zuò.
Míngtiān

砍木頭的人生氣了，喊道，"你怎麼這麼笨！好朋友會為了朋友去死。但現在你說我可能會被老虎吃了？那麼，你可能會掉入河裡死去！沒有人知道明天會有什麼事情。"

抓魚的人沒有生氣，他回答說，"啊，但我知道明天會有什麼事情。"

"你怎麼知道的？"砍木頭的人哭著說。

抓魚的人說，"我要告訴你一個秘密。在長安城西門附近的一條小路上，有一個人能看到未來[4]。我每天都去找他。我給他一條魚，他就告訴我第二天在哪裡可以釣到更多的魚。我已經聽他的話一百次了，他一次都沒有錯過。就在今天，他告訴我明天去涇河釣魚的地方。我會像他說的那樣去做。明天

---

[4] 未來　　wèilái – future

wǒ huì mài chū qù hěnduō yú, wǒ huì gěi nǐ mǎi yì píng hǎo jiǔ!"

Ránhòu, kǎn mùtou de rén hé zhuā yú de rén dōu huí le jiā. Dàn zhè búshì wǒmen gùshì de jiéshù, yīnwèi nǐ zhīdào yǒu jù lǎohuà, "lùshàng shuōhuà, cǎodì lǐ huì yǒurén tīng dào." Yí gè hé shén jiù zài fùjìn. Tā tīng shuō zhuā yú de rén yìbǎi tiān lǐ zhuā le xǔduō yú. Hé shén fēicháng hàipà. Tā kuài kuài de pǎo dào Jīng hé Lóng Wáng nàlǐ, dà jiào, "Bù hǎo le! Bù hǎo le!"

Lóng Wáng wèn, "Shénme shì bù hǎo le?"

Hé shén huídá shuō, "Gāngcái zài hé biān yìtiáo xiǎo lùshàng, wǒ tīng dào liǎng gè rén shuōhuà. Tāmen zhōng yǒu yí gè zhuā yú de rén, tā shuō tā měitiān dōu qù zhǎo Cháng'ān chéng lǐ yí gè kěyǐ zhīdào wèilái de rén. Zhège rén gàosù zhuā yú de rén dì èr tiān qù nǎlǐ diào yú. Tā méiyǒu cuòguò! Nín bìxū zuò diǎn shénme. Rúguǒ nín shénme dōu bú zuò, zhuā yú de rén huì zhuā le hé lǐ suǒyǒu de yú, wǒmen dōu huì sǐ de!"

我會賣出去很多魚，我會給你買一瓶好酒！"

然後，砍木頭的人和抓魚的人都回了家。但這不是我們故事的結束，因為你知道有句老話，"路上說話，草地裡會有人聽到。"一個河神就在附近。他聽說抓魚的人一百天裡抓了許多魚。河神非常害怕。他快快地跑到<u>涇河龍王</u>那裡，大叫，"不好了！不好了！"

<u>龍王</u>問，"什麼事不好了？"

河神回答說，"剛才在河邊一條小路上，我聽到兩個人說話。他們中有一個抓魚的人，他說他每天都去找<u>長安</u>城裡一個可以知道未來的人。這個人告訴抓魚的人第二天去哪裡釣魚。他沒有錯過！您必須做點什麼。如果您什麼都不做，抓魚的人會抓了河裡所有的魚，我們都會死的！"

Lóng Wáng fēicháng shēngqì. Tā ná chū jiàn, pǎo chū tā de gōngdiàn yào qù shā sǐ nàge néng zhīdào wèilái de rén. Dànshì jiù zài tā yào líkāi de shíhòu, tā de yí wèi dàchén shuō, "Bìxià, qǐng děng yī děng, búyào zhèyàng zuò! Nín shì Bāhé Dàwáng, nín néng biàn tiānqì. Rúguǒ nín hěn shēngqì de qù Cháng'ān, nàme nín huì gěi nàge chéngshì dài qù léidiàn hé dàyǔ. Rénmen huì fēicháng hàipà, nàyàng shàngtiān huì duì nín hěn shēngqì. Dànshì nín kěyǐ màn màn de, jìng jìng de, gèng duō de qù rènshì nàge zhīdào wèilái de rén. Nín néng biànchéng rén huò dòngwù. Suǒyǐ, rúguǒ nín biànchéng rén qù zhǎo tā. Nàge shíhòu nín jiù kěyǐ juédìng zuò shénme le."

Lóng Wáng rènwéi zhè shì yí gè hǎo zhǔyì. Suǒyǐ tā zǒuchū héshuǐ lái dào hé biān, biànchéng le yí wèi chuānzhe báisè cháng yī de gāodà piàoliang de dúshūrén. Tā zǒu jìn le Cháng'ān chéng, zài xīmén fùjìn kàn dào yí gè nánrén zhàn zài tā zìjǐ de jiā mén qián, tā de

龍王非常生氣。他拿出劍⁵，跑出他的宮殿要去殺死那個能知道未來的人。但是就在他要離開的時候，他的一位大臣說，"陛下⁶，請等一等，不要這樣做！您是八河大王，您能變天氣。如果您很生氣地去長安，那麼您會給那個城市帶去雷電和大雨。人們會非常害怕，那樣上天會對您很生氣。但是您可以慢慢地、靜靜地、更多地去認識那個知道未來的人。您能變成人或動物。所以，如果您變成人去找他。那個時候您就可以決定做什麼了。"

龍王認為這是一個好主意。所以他走出河水來到河邊，變成了一位穿著白色長衣的高大漂亮的讀書人。他走進了長安城，在西門附近看到一個男人站在他自己的家門前，他的

5　劍　　　　jiàn – sword
6　陛下　　　bìxià – Your Majesty

sìzhōu zhànzhe yìqún rén, dàjiā dōu zài shuōzhe huà. Zhège rén zài gàosù dàjiā wèilái huì yǒu shénme shì.

Lóng Wáng bǎ rénmen tuī dào le yìbiān, zǒuguò nàge zhīdào wèilái de rén, jìn le fángzi. Nàge rén gēnzhe Lóng Wáng yě jìn le fángzi, tā ràng yí gè nán háizi qù ná cháshuǐ, ránhòu zìjǐ zuò xiàlái kànzhe Lóng Wáng.

"Nǐ xiǎng zhīdào shénme?" nàge zhīdào wèilái de rén wèn.

"Qǐng gàosù wǒ míngtiān de tiānqì."

"Míngtiān lóng shí huì yǒu yún, shé shí huì yǒu léi, mǎ shí huì yǒu yǔ, yáng shí yǔ huì jiéshù, yígòng huì yǒu sān chǐ sān cùn de yǔ."

四周站著一群人，大家都在說著話。這個人在告訴大家未來會有什麼事。

龍王把人們推[7]到了一邊，走過那個知道未來的人，進了房子。那個人跟著龍王也進了房子，他讓一個男孩子去拿茶水，然後自己坐下來看著龍王。

"你想知道什麼？"那個知道未來的人問。

"請告訴我明天的天氣。"

"明天龍時會有雲，蛇時會有雷，馬時會有雨，羊[8]時雨會結束，一共會有三尺[9]三寸的雨[10]。"

---

[7] 推　　tuī – to push
[8] 羊　　yáng – goat or sheep
[9] 尺　　chǐ – Chinese foot
[10] In traditional Chinese timekeeping, the hour of the dragon is 7 to 9 am, the snake is 9 to 11 am, the horse is 11 am to 1 pm, and the goat is 1 to 3 pm.

"Wǒ gàosù nǐ ba," Lóng Wáng xiàozhe shuō, "rúguǒ nǐ duì le, wǒ huì huílái gěi nǐ wǔshí kuài jīnzi. Dànshì, rúguǒ nǐ cuò le, zhǐyào shì yì diǎndiǎn cuò, wǒ dōu huì bǎ nǐ de fángzi dǎ huài, ràng nǐ líkāi Cháng'ān chéng."

"Dāngrán méiyǒu wèntí," nàge zhīdào wèilái de rén shuō, "Xiān zàijiàn le, míngtiān yǔ hòu zàilái."

Lóng Wáng huí dào tā de gōngdiàn, zuò zài tā de bǎozuò shàng, gàosù tā de dàchén hé tā de péngyǒu Cháng'ān chéng lǐ nàge hěn bèn de rén de gùshì. Lóng Wáng bú rènwéi yǒurén kěyǐ zhīdào wèilái. Dànshì jiù zài nàge shíhòu, gěi Yùhuáng Dàdì sòngxìn de rén dào le. Tā shuō, "Yùhuáng Dàdì yào Bāhé Dàwáng míngtiān gěi Cháng'ān chéng xiàyǔ." Ránhòu nàge sòngxìn de rén gàosù Lóng Wáng yào xiàng nàge zhīdào wèilái de rén shuō de nàyàng zuò, zài tā shuō de nàge shíjiān lǐ dài qù tā shuō de nàyàng duō de yǔ.

"我告訴你吧，"龍王笑著說，"如果你對了，我會回來給你五十塊金子。但是，如果你錯了，只要[11]是一點點錯，我都會把你的房子打壞，讓你離開長安城。"

"當然沒有問題，"那個知道未來的人說。"先再見了，明天雨後再來。"

龍王回到他的宮殿，坐在他的寶座上，告訴他的大臣和他的朋友長安城裡那個很笨的人的故事。龍王不認為有人可以知道未來。但是就在那個時候，給玉皇大帝送信的人到了。他說，"玉皇大帝要八河大王明天給長安城下雨。"然後那個送信的人告訴龍王要像那個知道未來的人說的那樣做，在他說的那個時間裡帶去他說的那樣多的雨。

---

11 只要　　zhǐyào – as long as

"A, bù!" Lóng Wáng hǎn dào, "wǒ bù yīnggāi hé nàge rén dǔ. Xiànzài wǒ yào shū le! Wǒ bù guānxīn jīnzi, dànshì wǒ zhēn de hěn bù xǐhuān shū!"

"Bié dānxīn," tā de dàchénmen shuō, "zhè búshì wèntí. Xiàng huángdì shuō de nàyàng qù zuò, míngtiān ràng tā xiàyǔ. Dànshì xià yì diǎndiǎn yǔ, shǎo bàn cùn yǔ, nàme nàge zhīdào wèilái de rén jiù huì cuò, nín jiù kěyǐ bǎ tā de fángzi dǎ huài, ràng tā líkāi Cháng'ān chéng."

Lóng Wáng ràng tiān xiàyǔ le, dànshì bǐ huángdì shuō de yāo shǎo bàn cùn. Dāng yǔ jiéshù de shíhòu, tā qù le nàge zhīdào wèilái de rén de jiā, dǎ huài le mén, yǐzi, zhuōzi, páizi hé fángzi. Dànshì nàge zhīdào wèilái de rén zhǐshì zuòzhe kànzhe Lóng Wáng, shénme dōu méiyǒu zuò.

"Nǐ kàn bú dào wèilái!" Lóng Wáng hǎn dào, "nǐ zhǐshì cóng rénmen nàlǐ ná qián, gàosù tāmen méiyǒu yìsi de gùshì. Nǐ bìxū yào líkāi Cháng'ān!"

"啊，不！"龍王喊道，"我不應該和那個人賭。現在我要輸了！我不關心金子，但是我真的很不喜歡輸！"

"別擔心，"他的大臣們說，"這不是問題。像皇帝說的那樣去做，明天讓它下雨。但是下一點點雨，少半寸雨，那麼那個知道未來的人就會錯，您就可以把他的房子打壞，讓他離開長安城。"

龍王讓天下雨了，但是比皇帝說的要少半寸。當雨結束的時候，他去了那個知道未來的人的家，打壞了門、椅子、桌子、牌子和房子。但是那個知道未來的人只是坐著看著龍王，什麼都沒有做。

"你看不到未來！"龍王喊道，"你只是從人們那裡拿錢，告訴他們沒有意思的故事。你必須要離開長安！"

Nàge zhīdào wèilái de rén xiàozhe táitóu kànzhe tiān. Ránhòu tā jìng jìng de shuō, "Wǒ búpà nǐ. Nǐ búshì dúshūrén, nǐ shì Lóng Wáng. Nǐ méiyǒu xiàng huángdì shuō de nàyàng xiàyǔ. Xiànzài nǐ huì bèi dài dào Wèi chéngxiàng nàlǐ, huì bèi shā sǐ. Zhǔnbèizhe sǐ ba, Lóng Wáng!"

Zhège shíhòu Lóng Wáng bù shēngqì le, tā hàipà le. Tā zhīdào nàge zhīdào wèilái de rén shuō de shì duì de, tā hěn kuài jiù huì bèi shā sǐ. Tā kūzhe líkāi le nàge rén de jiā, biànchéng le yìtiáo lóng, màn man de fēi dào le huángdì de gōngdiàn lǐ. Ránhòu, tā biàn huí dào rén, zài gōngdiàn de huāyuán lǐ děngzhe huángdì. Tā děng le hěnjiǔ, yìzhí děngdào bànyè.

Huángdì zài chuángshàng shuìzháo le. Zài tā de mèng lǐ, tā jìn le huāyuán, kàn dào Lóng Wáng zài nàlǐ děngzhe tā. Lóng Wáng kū le, "Huángdì, qǐng bāng bāng wǒ!"

"Wèishénme yào bāng nǐ?" huángdì wèn.

那個知道未來的人笑著抬頭看著天。然後他靜靜地說，"我不怕你。你不是讀書人，你是龍王。你沒有像皇帝說的那樣下雨。現在你會被帶到魏丞相那裡，會被殺死。準備著死吧，龍王！"

這個時候龍王不生氣了，他害怕了。他知道那個知道未來的人說的是對的，他很快就會被殺死。他哭著離開了那個人的家，變成了一條龍，慢慢地飛到了皇帝的宮殿裡。然後，他變回到人，在宮殿的花園裡等著皇帝。他等了很久，一直等到半夜[12]。

皇帝在床上睡著了。在他的夢裡，他進了花園，看到龍王在那裡等著他。龍王哭了，"皇帝，請幫幫我！"

"為什麼要幫你？"皇帝問。

---

[12] 半夜　　bànyè – midnight

<u>龍王</u>哭了，"皇帝，請幫幫我！"

Lóng Wáng kū le, "Huángdì, qǐng bāng bāng wǒ!"

The Dragon King cried, "O Emperor, please help me!"

"Wǒ shì Jīng hé Lóng Wáng, nín ràng wǒ zài Cháng'ān chéng xiàyǔ, dànshì wǒ gěi de yǔ bǐ nín shuō de yāo shǎo yìxiē."

Huángdì yǐjīng zhīdào Lóng Wáng zuò le nàyàng de shì, tā yǐjīng ràng Wèi chéngxiàng qù shā Lóng Wáng. Dànshì, huángdì duì Lóng Wáng shuō, "Bié dānxīn, wǒ huì hé wǒ de Wèi chéngxiàng tán zhège shìqíng. Nǐ bú huì bèi shānghài de, xiāngxìn wǒ!"

Huángdì xǐng lái yǐhòu mǎshàng xiǎngqǐ le nàge mèng. Tā qù le tā de huánggōng, kàn dào tā de suǒyǒu dàchén hé dàjiàng, dànshì tā méiyǒu kàn dào Wèi chéngxiàng. Suǒyǐ tā ràng Wèi lái huánggōng jiàn tā.

Wèi lái le. Huángdì méiyǒu shuō Lóng Wáng de shì. Tā duì Wèi shuō, "Wǒmen lái wán qí." Tāmen kāishǐ wán le qǐlái. Dànshì guò le yí gè xiǎoshí, Wèi bǎ tóu fàng zài zhuōzi shàng shuìzháo le.

Huángdì shénme yě méiyǒu shuō. Tā zhǐshì ràng Wèi shuìjiào, děngzhe tā xǐng lái.

"我是涇河龍王，您讓我在長安城下雨，但是我給的雨比您說的要少一些。"

皇帝已經知道龍王做了那樣的事，他已經讓魏丞相去殺龍王。但是，皇帝對龍王說，"別擔心，我會和我的魏丞相談[13]這個事情。你不會被傷害的，相信我！"

皇帝醒來以後馬上想起了那個夢。他去了他的皇宮，看到他的所有大臣和大將，但是他沒有看到魏丞相。所以他讓魏來皇宮見他。

魏來了。皇帝沒有說龍王的事。他對魏說，"我們來玩棋[14]。"他們開始玩了起來。但是過了一個小時，魏把頭放在桌子上睡著了。

皇帝什麼也沒有說。他只是讓魏睡覺，等著他醒來。

---

13 談　　tán – to talk
14 棋　　qí – chess

Yí gè xiǎoshí yǐhòu, Wèi xǐng le. Tā xiàng huángdì jūgōng shuō, "Bìxià, nín de púrén fēicháng duìbùqǐ nín, tā zài nín miànqián shuìzháo le. Nín xiànzài shā le wǒ ba!" Dànshì huángdì gàosù tā búyào dānxīn, tāmen yòu kāishǐ wán qí.

Jiù zài nàge shíhòu, liǎng wèi dàchén pǎo jìn huánggōng, názhe yí gè hěn dà de lóngtóu, dà jiào, "Bìxià, wǒmen kàn dàoguò hěnduō dōngxī, dànshì wǒmen méiyǒu jiànguò zhège! Nín kàn zhè lóngtóu, tā shì cóng tiānshàng diào xiàlái de!"

Huángdì kànzhe Wèi. "Zhè shì shénme?" tā wèn.

"Jiù xiàng nín yāoqiú de nàyàng, zhè shì nín wúyòng de púrén gāng shā de lóngtóu. Gāngcái wǒmen wán qí de shíhòu, wǒ shuìzháo le. Zài wǒ shuìjiào de shíhòu, wǒ fēi dào yún shàng. Zài nàlǐ, wǒ kàn dào Lóng Wáng děngzhe bèi shā. Wǒ gàosù tā, 'Nǐ huài le tiānshàng de tiān fǎ, nǐ xiànzài bìxū sǐ.' Ránhòu wǒ

一個小時以後,<u>魏</u>醒了。他向皇帝鞠躬說,"陛下,您的僕人非常對不起您,他在您面前睡著了。您現在殺了我吧!"但是皇帝告訴他不要擔心,他們又開始玩棋。

就在那個時候,兩位大臣跑進皇宮,拿著一個很大的龍頭,大叫,"陛下,我們看到過很多東西,但是我們沒有見過這個!您看這龍頭,它是從天上掉下來的!"

皇帝看著<u>魏</u>。"這是什麼?"他問。

"就像您要求的那樣,這是您無用[15]的僕人剛殺的龍頭。剛才我們玩棋的時候,我睡著了。在我睡覺的時候,我飛到雲上。在那裡,我看到<u>龍王</u>等著被殺。我告訴他,'你壞了天上的天法,你現在必須死。'然後我

---

[15] 無用　　wúyòng – useless

jiù shā le tā."

Dāng huángdì tīng dào zhè huà de shíhòu, tā yòu kuàilè yòu bú kuàilè. Tā hěn gāoxìng zhīdào tā yǒu xiàng Wèi zhènme hǎo de chéngxiàng. Dàn tā yòu bù gāoxìng, yīnwèi tā gàosù guò Lóng Wáng, tā huì bāngzhù Lóng Wáng de. Tā líkāi huánggōng shuìjiào qù le. Zài chuángshàng, tā yìzhí zài xiǎngzhe Lóng Wáng kūzhe yāoqiú bāng tā.

Hěnjiǔ tā dōu shuì bùzháo, dào le bànyè de shíhòu tā cái shuì zháo. Dànshì zài tā de mèng lǐ, Lóng Wáng lái dào tā shēnbiān, bào zhù zìjǐ de tóu, shēnshàng liúzhe xuě, kūzhe, "Tàizōng, Tàizōng, bǎ wǒ de tóu huán gěi wǒ! Bǎ wǒ de shēngmìng huán gěi wǒ!" Lóng Wáng zhuā zhù huángdì, bú ràng tā zǒu.

Zài mèng zhōng, huángdì xiǎng yào líkāi Lóng Wáng, dàn tā bùnéng. Tā biàn dé hěn lèi, tā xiǎng zìjǐ huì sǐ. Dàn hòulái tā tīngdào le hěn měi de yīnyuè. Tā wǎng nán kàn qù, kànjiàn le hěnduō yánsè

就殺了他。"

當皇帝聽到這話的時候，他又快樂又不快樂。他很高興知道他有像魏這麼好的丞相。但他又不高興，因為他告訴過龍王，他會幫助龍王的。他離開皇宮睡覺去了。在床上，他一直在想著龍王哭著要求幫他。

很久他都睡不著[16]，到了半夜的時候他才睡著。但是在他的夢裡，龍王來到他身邊[17]，抱住自己的頭，身上流著血，哭著，"太宗，太宗，把我的頭還給我！把我的生命還給我！"龍王抓住皇帝，不讓他走。

在夢中，皇帝想要離開龍王，但他不能。他變得很累，他想自己會死。但後來他聽到了很美的音樂。他往南看去，看見了很多顏色

---

[16] 睡不著　shuì bùzháo – can't sleep
[17] 身邊　shēnbiān – around, alongside

piàoliang de yún. Yí gè měilì de nǚrén zhàn zài yún zhōng. Tā jiùshì púsà Guānyīn.

Guānyīn lái dào Cháng'ān zhǎo rén qù xīfāng, dài huí fófǎ. Dāng tīng dào Lóng Wáng hé huángdì jiàohǎn de shíhòu, Guānyīn zhèngzài fùjìn de yí gè miào lǐ shuìjiào. Tā ràng Lóng Wáng fàng le huángdì, ránhòu bǎ Lóng Wáng dàidào le dìyù.

Nà shí, huángdì xǐng le. Tā hěn hàipà, dà hǎn, "Yǒu guǐ! Yǒu guǐ!" Gōng lǐ de měi gè rén dōu xǐng le, nàge wǎnshàng tāmen dōu méiyǒu shuìjiào. Dì èr tiān, huángdì méiyǒu hé dà jiā shuōhuà, méiyǒu líkāi tā de chuáng. Jiù zhèyàng tā zài chuángshàng shuì le liù tiān, bù chīfàn yě bù hējiǔ. Dì qī tiān, Wángmǔ Niángniáng jiào yīshēng qù kàn tā.

Yīshēng gěi huángdì jiǎnchá le yǐhòu duì Wángmǔ Niángniáng shuō, "Huángdì shēngbìng le, qíngkuàng hěn bù hǎo. Wǒ bù zhīdào wèishénme.

漂亮的雲。一個美麗的女人站在雲中。她就是菩薩觀音。

觀音來到長安找人去西方，帶回佛法。當聽到龍王和皇帝叫喊的時候，觀音正在附近的一個廟裡睡覺。她讓龍王放了皇帝，然後把龍王帶到了地獄。

那時，皇帝醒了。他很害怕，大喊，"有鬼[18]！有鬼！"宮裡的每個人都醒了，那個晚上他們都沒有睡覺。第二天，皇帝沒有和大家說話，沒有離開他的床。就這樣他在床上睡了六天，不吃飯也不喝酒。第七天，王母娘娘叫醫生去看他。

醫生給皇帝檢查了以後對王母娘娘說，"皇帝生病了，情況很不好。我不知道為什麼。

---

18 鬼　　　guǐ – ghost

Tā shuō tā kàndào le guǐ. Tā de xīntiào yīhuǐ'er kuài yīhuǐ'er màn. Wǒ pà tā huì zài yí gè xīngqí lǐ sǐqù."
Wángmǔ Niángniáng hé dàchénmen dōu hàipà jí le.

Nà tiān wǎn xiē shíhòu, huángdì jiào tā de jǐ gè dàchén hé dàjiàng dào tā nàlǐ qù. Tā duì tāmen shuō, "Wǒ cóng shíjiǔ suì kāishǐ jiùshì nǐmen de huángdì le. Wǒ qùguò dìqiú shàng dōngnánxīběi de měi yí gè dìfāng, dǎguò xǔduō zhàndòu. Wǒ kànjiàn guò hěnduō dōngxi, dǎguò hěnduō yāoguài, dànshì wǒ méiyǒu jiànguò guǐ. Dànshì xiànzài wǒ měitiān měi wǎn dōu néng tīng dào tāmen de jiàohǎn. Báitiān méiyǒu nàme lìhài, dànshì zài wǎnshàng tāmen de shēngyīn tài dà le, wǒ yīdiǎn er dōu bùnéng shuìjiào."

"Bié dānxīn zhèxiē guǐ!" yí wèi dàjiàng shuō. "Jīntiān wǎnshàng wǒmen liǎng gè rén huì zhàn zài nín fángjiān wàimiàn. Wǒmen bú huì ràng guǐ jìn nín fángjiān de. Nín jīntiān wǎnshàng kěyǐ hǎohǎo shuìjiào le."

他說他看到了鬼。他的心跳[19]一會兒快一會兒慢。我怕他會在一個星期裡死去。"王母娘娘和大臣們都害怕極了。

那天晚些時候[20]，皇帝叫他的幾個大臣和大將到他那裡去。他對他們說，"我從十九歲開始就是你們的皇帝了。我去過地球上東南西北的每一個地方，打過許多戰鬥。我看見過很多東西，打過很多妖怪，但是我沒有見過鬼。但是現在我每天每晚都能聽到他們的叫喊。白天沒有那麼厲害，但是在晚上它們的聲音太大了，我一點兒都不能睡覺。"

"別擔心這些鬼！"一位大將說。"今天晚上我們兩個人會站在您房間外面。我們不會讓鬼進您房間的。您今天晚上可以好好睡覺了。"

---

[19] 心跳　　xīntiào – heartbeat
[20] 晚些時候 wǎn xiē shíhòu – later

Nà tiān wǎnshàng, liǎng wèi dàjiàng chuānzhe liàng liàng de jīnsè kuījiǎ, názhe jiàn zhàn zài huángdì de fángjiān wàimiàn. Tāmen yìzhí dōu zhàn zài nàlǐ, dànshì yí gè guǐ dōu méiyǒu kàn dào. Huángdì méiyǒu tīng dào guǐ de jiàohǎn shēng, shuì dé hěn hǎo.

Nà liǎng gè dàjiàng zài dì èr tiān wǎnshàng yòu huílái zhàn zài mén wàimiàn. Tāmen háishì méiyǒu kàn dào guǐ, huángdì shuì dé hěn hǎo. Dànshì huángdì bù xīwàng tā de dàjiàng měi gè wǎnshàng dōu gōngzuò. Suǒyǐ tā jiào yí wèi huàjiā huà le zhè liǎng wèi dàjiàng, ránhòu bǎ dàjiàng de huà fàng zài tā fángjiān wàimiàn.

Jǐ gè wǎnshàng dōu méiyǒu guǐ lái dào mén qiánmiàn. Dànshì huángdì yòu zài yícì kāishǐ tīng dào guǐ de jiàohǎn. Tā fēicháng bù kāixīn, búyào chī yě búyào hē. Tā zhīdào tā hěn kuài jiù yào sǐ le. Suǒyǐ tā xǐzǎo chuān shàng le gānjìng de yīfú, shuì zài chuángshàng děng sǐ.

那天晚上，兩位大將穿著亮[21]亮的金色盔甲、拿著劍站在皇帝的房間外面。他們一直都站在那裡，但是一個鬼都沒有看到。皇帝沒有聽到鬼的叫喊聲，睡得很好。

那兩個大將在第二天晚上又回來站在門外面。他們還是沒有看到鬼，皇帝睡得很好。但是皇帝不希望他的大將每個晚上都工作。所以他叫一位畫家畫了這兩位大將，然後把大將的畫放在他房間外面。

幾個晚上都沒有鬼來到門前面。但是皇帝又再一次開始聽到鬼的叫喊。他非常不開心，不要吃也不要喝。他知道他很快就要死了。所以他洗澡穿上了乾淨的衣服，睡在床上等死。

---

[21] 亮　　　liàng – bright

兩位大將穿著亮亮的金色盔甲、拿著劍站在皇帝的房間外面。

Liǎng wèi dàjiàng chuānzhe liàng liàng de jīnsè kuījiǎ, názhe jiàn zhàn zài huángdì de fángjiān wàimiàn.

The two generals, wearing bright golden armor and carrying swords, stood outside the emperor's bedroom door.

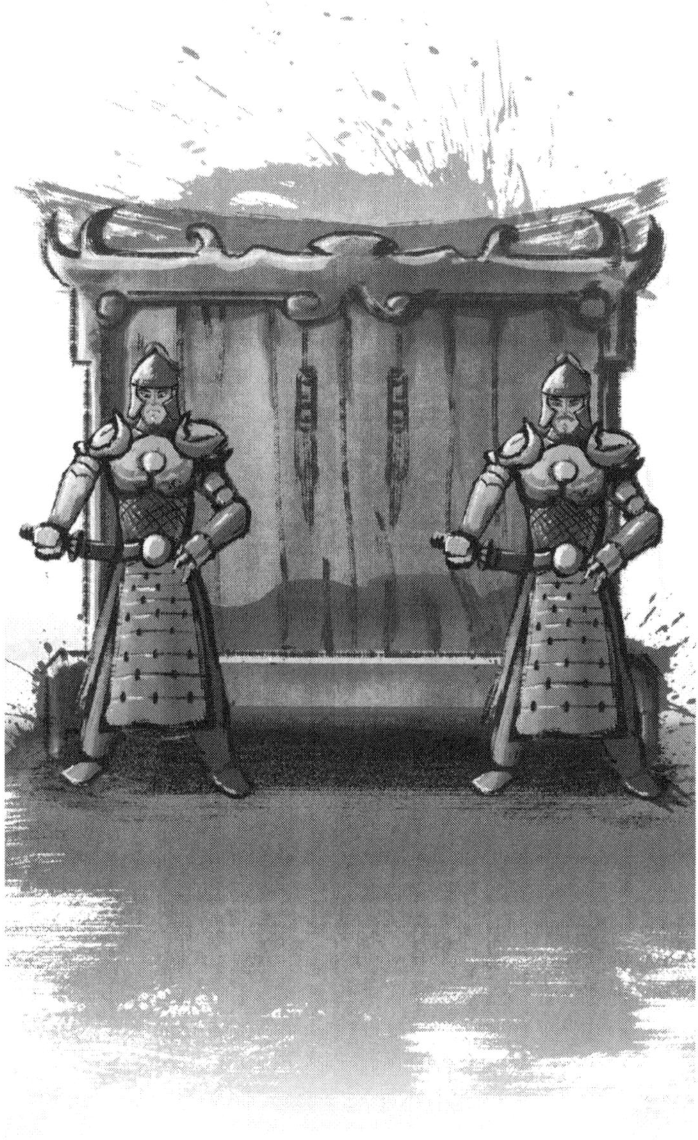

Wèi lái kàn tā, shuō, "Bié dānxīn, bìxià. Wǒ kěyǐ ràng nín yǒu yí gè hěn cháng de shēngmìng."

"Wǒ de péngyǒu," huángdì shuō, "tài wǎn le. Wǒ de xīn bìng le, hěn kuài jiù huì sǐ de."

Wèi shuō, "Hěnjiǔ yǐqián, yǒu yí gè jiào Cuī Jué de rén, tā shì huánggōng lǐ de dàchén, shì wǒ de hǎo péngyǒu. Tā sǐ de shíhòu qù le dìyù, chéngwéi yì míng fǎguān. Wǒ zài mèng lǐ jīngcháng yùdào tā. Wǒ juédé tā kěyǐ bāngzhù nín." Ránhòu Wèi gěi le huángdì yì fēng xìn. "Nín dào le dìyù yǐhòu, qù zhǎo Cuī Jué. Gěi tā zhè fēng xìn. Tā dú le xìn yǐhòu kěnéng huì bāngzhù nín huí dào rénjiān lái!"

Tàizōng tīng dào zhèxiē huà, duìzhe Wèi xiào le. Tā bǎ xìn ná zài shǒu lǐ, ránhòu bì shàng yǎnjīng sǐ le.

Wǒ de háizi, búyào duì sǐ gǎndào hàipà! Tīng:

魏來看他，說，"別擔心，陛下。我可以讓您有一個很長的生命。"

"我的朋友，"皇帝說，"太晚了。我的心病²²了，很快就會死的。"

魏說，"很久以前，有一個叫崔珏的人，他是皇宮裡的大臣，是我的好朋友。他死的時候去了地獄，成為一名法官²³。我在夢裡經常遇到他。我覺得他可以幫助您。"然後魏給了皇帝一封信。"您到了地獄以後，去找崔珏。給他這封信。他讀了信以後可能會幫助您回到人間來！"

太宗聽到這些話，對著魏笑了。他把信拿在手裡，然後閉上眼睛死了。

我的孩子，不要對死感到害怕！聽：

---

²² 病　　　bìng – disease, sick
²³ 法官　　fǎguān – judge

Yìbǎi nián xiàng liúshuǐ yíyàng guòqù

Yìshēng zhǐbùguò shì yì chǎng mèng

Nà táosè de liǎn

Xiànzài yǐjīng dàizhe báixuě

Rúguǒ nǐ jìng jìng de zuò hǎoshì

Shàngtiān huì gěi nǐ yí gè hěn chǎng hěn xìngfú de shēnghuó.

一百年像流水一樣過去

一生只不過是一場夢

那桃色的臉

現在已經帶著白雪

如果你靜靜地做好事

上天會給你一個很長很幸福的生活

Dì 11 Zhāng

Tàizōng de línghún zhí zhí xiàngshàng chū le gōngdiàn. Tā bù zhīdào tā zài nǎlǐ, tā zài zuò shénme. Tā kànjiàn le yún. Tā hǎoxiàng kàn dào yǒuxiē qímǎ de rén guòlái le, yào dàizhe tā yìqǐ qímǎ. Dànshì guò le yīhuǐ'er tā méiyǒu kàn dào mǎ hé qímǎ rén, tā yòu shì yí gè rén. Tā kāishǐ zǒulù. Lùshàng yòu lěng yòu hēi, fēng chuīzhe, tā shénme dōu kàn bújiàn.

Tàizōng zǒu le hěnjiǔ. Zuìhòu tā zài hēi hēi de lù zhòng tīng dào yí gè shēngyīn. Tā shuō, "Bìxià, wǎng zhèlǐ lái! Wǎng zhèlǐ lái!" Tàizōng kàn dào yí gè hěn gāo de rén zhàn zài tā de qiánmiàn. Nà rén chuānzhe báisè cháng yī. Tā chángcháng de bái tóufǎ zài hēisè de màozi xià, báisè cháng húzi bèi fēng chuīzhe. Tā shǒu lǐ názhe yi běn Shēngsǐ Bù.

"Nǐ shì shúi, wèishénme yào lái jiàn wǒ?" Tàizōng wèn.

Nàge rén shuō, "Liǎng gè xīngqí yǐqián, Jīng hé de Lóng Wáng jiù

第 11 章

太宗的靈魂直直向上出了宮殿。他不知道他在哪裡、他在做什麼。他看見了雲。他好像看到有些騎馬的人過來了,要帶著他一起騎馬。但是過了一會兒他沒有看到馬和騎馬人,他又是一個人。他開始走路。路上又冷又黑,風吹著,他什麼都看不見。

太宗走了很久。最後他在黑黑的路中聽到一個聲音。它說,"陛下,往這裡來!往這裡來!"太宗看到一個很高的人站在他的前面。那人穿著白色長衣。他長長的白頭髮在黑色的帽子下,白色長鬍子[24]被風吹著。他手裡拿著一本生死簿。

"你是誰,為什麼要來見我?"太宗問。

那個人說,"兩個星期以前,涇河的龍王就

---

[24] 鬍子　　húzi – beard, moustache

lái dào zhèlǐ le. Tā gàosù dìyù lǐ de guówángmen, shuō nín shuōguò bú huì shā tā de, dànshì nín mǎshàng jiù bǎ tā shā sǐ le. Dìyù lǐ de guówángmen xiǎng gēn nín shuōhuà. Suǒyǐ tāmen bǎ guǐ sòngdào le rénjiān, bǎ nín dàidào le zhèlǐ. Zhè jiùshì wèishénme nín shēngbìng le, sǐ le. Wǒ tīng shuō nín láidào le dìyù, suǒyǐ wǒ lái zhèlǐ jiàn nín."

"Nǐ jiào shénme míngzì?" Tàizōng yòu wèn, "nǐ shì shénme jíbié?"

"Nín de púrén méiyǒu sǐ de shíhòu zài nín de gōngdiàn lǐ zuò dàchén. Wǒ jiào Cuī Jué."

Tàizōng shuō, "Wǒ hěn gāoxìng jiàn dào nǐ! Wǒ de Wèi chéngxiàng ràng wǒ gěi nǐ zhè fēng xìn." Tā bǎ xìn gěi le Cuī Jué. Cuī Jué dǎkāi xìn, dúzhe. Xìnlǐ shuō,

"Zhè shì nǐ qīn'ài de Wèi xiōngdì gěi zài dìyù lǐ de dà fǎguān, wǒ de Cuī xiōngdì de xìn. Wǒ jìdé wǒmen shì hěn hǎo de péngyǒu, nǐ de shēngyīn hé hǎokàn de liǎn yìzhí zài wǒ de

來到這裡了。他告訴地獄裡的國王們，說您說過不會殺他的，但是您馬上就把他殺死了。地獄裡的國王們想跟您說話。所以他們把鬼送到了人間，把您帶到了這裡。這就是為什麼您生病了，死了。我聽說您來到了地獄，所以我來這裡見您。"

"你叫什麼名字？"太宗又問，"你是什麼級別？"

"您的僕人沒有死的時候在您的宮殿裡做大臣。我叫崔珏。"

太宗說，"我很高興見到你！我的魏丞相讓我給你這封信。"他把信給了崔珏。崔珏打開信，讀著。信裡說，

"這是你親愛的魏兄弟給在地獄裡的大法官、我的崔兄弟的信。我記得我們是很好的朋友，你的聲音和好看的臉一直在我的

xīn lǐ. Cóng wǒ shàng yícì zài mèng lǐ hé nǐ shuōhuà yǐhòu, yǐjīng guòqù jǐ nián le. Zài jiérì lǐ, wǒ zhǐ gěi le nǐ yìxiē cài hé shuǐguǒ, xīwàng nǐ néng xǐhuān. Wǒ hěn gāoxìng nǐ méiyǒu wàngjì wǒ, wǒ yě hěn gāoxìng nǐ xiànzài shì dìyù lǐ de fǎguān. Dìqiú shàng de rén lí dìyù hěn yuǎn, suǒyǐ wǒmen bùnéng jiànmiàn. Wǒ xiànzài gěi nǐ xiě xìn shì yīnwèi Tàizōng tūrán sǐ le. Wǒ xīwàng nǐ búyào wàngjì wǒmen shì péngyǒu, qǐng nǐ ràng huángdì huí dào tā de shēngmìng zhòng qù."

"Wǒ zhīdào Lóng Wáng de gùshì, wǒ juédé nín zuò dé duì," Cuī Jué shuō. "Rúguǒ kěyǐ dehuà, wǒ hěn yuànyì bāngzhù nín huí dào rénjiān. Dànshì nín xiànzài bìxū gēn wǒ zǒu, qù hé dìyù lǐ de guówángmen jiànmiàn."

Jiù zài nàge shíhòu, yǒu liǎng gè xiǎo nánhái púrén lái le. Tāmen chuānzhe lánsè cháng yī, názhe qízi jiàozhe, "Dìyù lǐ de guówángmen xiǎng jiàn nǐ." Tàizōng hé Cuī Jué zǒu zài liǎng gè nán hái zi hòumiàn. Tāmen hěn kuài dào le dìyù gōngdiàn de dàmén.

心裡。從我上一次在夢裡和你說話以後，已經過去幾年了。在節日裡，我只給了你一些菜和水果，希望你能喜歡。我很高興你沒有忘記我，我也很高興你現在是地獄裡的法官。地球上的人離地獄很遠，所以我們不能見面。我現在給你寫信是因為太宗突然死了。我希望你不要忘記我們是朋友，請你讓皇帝回到他的生命中去。"

"我知道龍王的故事，我覺得您做得對，"崔珏說。"如果可以的話，我很願意幫助您回到人間。但是您現在必須跟我走，去和地獄裡的國王們見面。"

就在那個時候，有兩個小男孩僕人來了。他們穿著藍色長衣、拿著旗子叫著，"地獄裡的國王們想見你。"太宗和崔珏走在兩個男孩子後面。他們很快到了地獄宮殿的大門。

Gōngdiàn shì yízuò gāo gāo rù yún de lǜ tǎ. Tàizōng zài tiānshàng kàn dào hóngsè de léidiàn, sìzhōu dōu yǒu yāoguài. Zài dàmén wàimiàn, liǎng míng púrén zhàn zài nàlǐ shǒu lǐ názhe dà huǒjù.

Tàizōng hé Cuī Jué zǒu jìnqù děngzhe. Guò le yīhuǐ'er, dìyù lǐ de shí gè guówáng zǒu le chūlái, xiàng Tàizōng jūgōng, zhàn zài nàlǐ děngzhe tā. Tàizōng yě xiàng tāmen jūgōng, dàn tā méiyǒu dòng. Yǒu yí gè guówáng duì Tàizōng shuō, "Nǐ shì rénjiān de huángdì, wǒmen zhǐshì dìyù lǐ de guǐ. Nǐ wèishénme bù gěi wǒmen dàilù ne?"

"Duìbùqǐ," Tàizōng shuō, "wǒ bù zhīdào dìyù lǐ shì zěnme yàng de." Tāmen dōu zhàn zài nàlǐ bú dòng le. Zuìhòu Tàizōng juédìng kāishǐ zǒulù, ránhòu tāmen dōu yìqǐ zǒu jìn le lìng yí gè fángjiān, zuò le xiàlái.

Yí gè guówáng kànzhe Tàizōng shuō, "Lóng Wáng shuō nǐ gàosùguò tā

宮殿是一座高高入雲的綠塔[25]。太宗在天上看到紅色的雷電，四周都有妖怪。在大門外面，兩名僕人站在那裡手裡拿著大火炬[26]。

太宗和崔珏走進去等著。過了一會兒，地獄裡的十個國王走了出來，向太宗鞠躬，站在那裡等著他。太宗也向他們鞠躬，但他沒有動。有一個國王對太宗說，"你是人間的皇帝，我們只是地獄裡的鬼。你為什麼不給我們帶路呢？"

"對不起，"太宗說，"我不知道地獄裡是怎麼樣的。"他們都站在那裡不動了。最後太宗決定開始走路，然後他們都一起走進了另一個房間，坐了下來。

一個國王看著太宗說，"龍王說你告訴過他

---

[25] 塔　　　tǎ – tower
[26] 火炬　　huǒjù – torch

bú huì shā tā de, ránhòu nǐ jiù shā le tā. Wèishénme?"

Tàizōng huídá shuō, "Shì de, wǒ shì gàosùguò tā, tā huì ānquán de. Dànshì zài nà yǐqián, wǒ yǐjīng gàosù wǒ de Wèi chéngxiàng qù shā tā. Hòulái wǒ qǐng Wèi hé wǒ yìqǐ wán qí, wǒ xiǎng zhèyàng lóng jiù bú huì sǐ le. Dànshì Wèi hěn cōngmíng, tā shuìzháo le, tā zài mèng lǐ shā le lóng. Wǒ bù zhīdào zhège, suǒyǐ wǒ bù míngbái wǒ shì zěnmeyàng ràng lóng sǐ de."

Yí gè dìyù guówáng shuō, "Wǒmen míngbái le. Zài Lóng Wáng chūshēng yǐqián, Shēngsǐ Bù zhōng jiù xiězhe tā huì sǐ zài rénjiān fǎguān de shǒu lǐ. Dāngrán, Lóng Wáng méiyǒu xiàng huángdì shuō de nàyàng qù xiàyǔ. Suǒyǐ wǒmen yǐjīng bǎ tā sòngdào le Zhuǎn Lúncáng. Duìbùqǐ bǎ nǐ dàidào le zhèlǐ."

Dànshì, dìyù lǐ de guówángmen méiyǒu ràng Tàizōng líkāi. Tāmen duì Cuī Jué shuō, "Bǎ Shēngsǐ Bù ná lái, wǒmen xiǎng kàn kàn Tàizōng kěyǐ huó duōjiǔ."

不會殺他的，然後你就殺了他。為什麼？"

太宗回答說，"是的，我是告訴過他，他會安全的。但是在那以前，我已經告訴我的魏丞相去殺他。後來我請魏和我一起玩棋，我想這樣龍就不會死了。但是魏很聰明，他睡著了，他在夢裡殺了龍。我不知道這個，所以我不明白我是怎麼樣讓龍死的。"

一個地獄國王說，"我們明白了。在龍王出生以前，生死簿中就寫著他會死在人間法官的手裡。當然，龍王沒有像皇帝說的那樣去下雨。所以我們已經把他送到了轉輪藏。對不起把你帶到了這裡。"

但是，地獄裡的國王們沒有讓太宗離開。他們對崔玨說，"把生死簿拿來，我們想看看太宗可以活多久。"

Cuī Jué jìn le lìng yí gè fángjiān qù ná Shēngsǐ Bù, tā kàn dào Tàizōng zài tā zuò huángdì de dì shísān nián de shíhòu jiù huì sǐqù. Cuī Jué hěn kuài yòng máobǐ zài 'shí' zì shàng jiā le liǎng huà, 'shí' biànchéng le 'sà'. Ránhòu tā bǎ Shēngsǐ Bù gěi le dìyù lǐ de guówángmen.

"Nǐ zuò huángdì duō shào nián le?" guówángmen wèn.

"Shísān nián le," Tàizōng huídá.

"Bié dānxīn, nǐ hái yǒu èrshí duō nián de shēngmìng. Xiànzài wǒmen jiéshù le, nǐ kěyǐ huí dào rénjiān. Zài yícì duìbùqǐ bǎ nǐ dàidào zhèlǐ." Tàizōng duì tāmen jūgōng, gǎnxiè guówángmen.

"Wǒ huídào rénjiān yǐhòu yǒu shénme dōngxi kěyǐ gěi nǐmen ma?" Tàizōng wèn.

崔珏進了另一個房間去拿生死簿，他看到太宗在他做皇帝的第十三年的時候就會死去。崔珏很快用毛筆在'十'字上加²⁷了兩畫，'十'變成了'卅'²⁸。然後他把生死簿給了地獄裡的國王們。

"你做皇帝多少年了？"國王們問。

"十三年了。"太宗回答。

"別擔心，你還有二十多年的生命。現在我們結束了，你可以回到人間。再一次對不起把你帶到這裡。"太宗對他們鞠躬，感謝國王們。

"我回到人間以後有什麼東西可以給你們嗎？"太宗問。

---

²⁷ 加　　jiā – plus
²⁸ 卅　　sā – thirty (ancient word), same as 三十

<u>崔珏</u>很快用毛筆在'十'字上加了兩畫，'十'變成了'卅'。

Cuī Jué hěn kuài yòng máobǐ zài 'shí' zì shàng jiā le liǎng huà, 'shí' biànchéng le 'sà'.

Quickly, Cui Jue used his brush and ink to add two strokes to the character 十, making it a 卅.

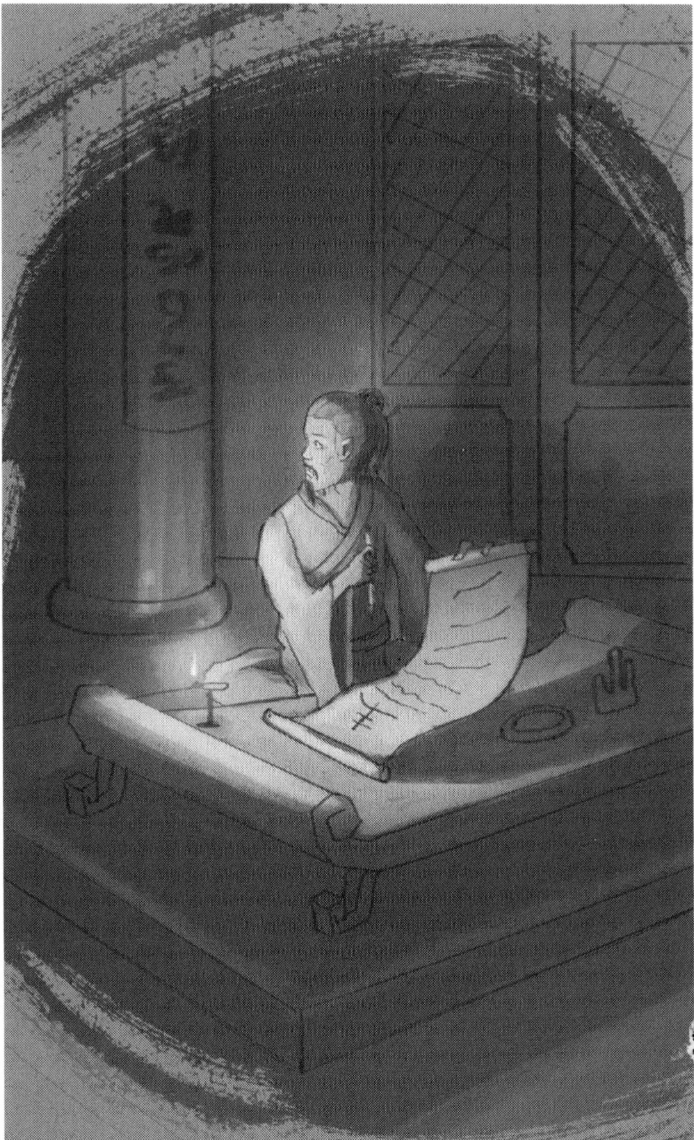

"Wǒmen hěn xiǎng yào yìxiē nánguā!" guówángmen shuō.

"Méi wèntí," Tàizōng shuō. "Wǒ hěn yuànyì gěi nǐmen sòng yìxiē nánguā lái."

Ránhòu guówángmen ràng Cuī Jué hé lìng yí gè rén, Zhū dàjiàng bǎ Tàizōng sòng huí rénjiān. Zài tāmen líkāi de shíhòu, Tàizōng kàndào tāmen huíqù de lù búshì tāmen jìnlái de lù. "Wǒmen shìbúshì zǒu cuò le?" tā wèn Cuī Jué.

"Méiyǒu. Nín sǐ de shíhòu jìnrù dìyù shì hěn róngyì. Dànshì nín zhǐyǒu jīngguò Zhuǎn Lúncáng cáinéng líkāi dìyù. Xiànzài wǒmen qù Zhuǎn Lúncáng nàlǐ. Dànshì zhè shì yí duàn hěn cháng de lù, wǒmen zǒuguòqù de shíhòu, wǒ huì gěi nín jièshào yi diǎndiǎn dìyù lǐ de shìqing!"

Wǒ qīn'ài de háizi, wǒ bìxū gàosù nǐ Tàizōng zài dìyù zhōng kàn dào de yìxiē shìqing. Qǐng búyào hàipà!

"我們很想要一些南瓜[29]！"國王們說。

"沒問題，"太宗說。"我很願意給你們送一些南瓜來。"

然後國王們讓崔珏和另一個人、朱大將把太宗送回人間。在他們離開的時候，太宗看到他們回去的路不是他們進來的路。"我們是不是走錯了？"他問崔珏。

"沒有。您死的時候進入地獄是很容易。但是您只有經過轉輪藏才能離開地獄。現在我們去轉輪藏那裡。但是這是一段很長的路，我們走過去的時候，我會給您介紹一點點地獄裡的事情！"

我親愛的孩子，我必須告訴你太宗在地獄中看到的一些事情。請不要害怕！

---

[29] 南瓜　　nánguā – pumpkin

Tàizōng, Cuī Jué hé Zhū dàjiàng zǒu le jǐ lǐ lù, kàndào yí zuò hěn gāo de shān. Hēi yún bāo zhù le dàshān. "Zhè shì Yōumíng Hēishān," Cuī Jué shuō, "zhèlǐ méiyǒu dòngwù, zhǐyǒu hěn è de guǐ hé yāoguài." Tàizōng kàn le kàn sìzhōu, dìshàng méiyǒu cǎo, shānshàng méiyǒu shù, hé lǐ méiyǒu shuǐ, tiānshàng méiyǒu niǎo. Zhǐ néng kàndào hēi yún, zhǐ néng tīngdào lěng fēng hé móguǐ de jiàohǎn. Tā hěn hàipà, dànshì Cuī Jué bāngzhù tā guò le zhè zuò shān.

Guò le shān yǐhòu, Tàizōng kàndào yìxiē ràng tā gǎndào hěn hàipà de shìqing. Nà shì yí gè yǒu xǔduō fángzi de dìfāng, měi zhuàng fángzi dōu yǒu hěnduō fángjiān, měi gè fángjiān dōu yǒu línghún zài dàshēng de kūzhe.

"Zhèxiē rén dōu shì shúi?" Tàizōng wèn dào

太宗、崔玨和朱大將走了幾里路,看到一座很高的山。黑雲包住[30]了大山。"這是幽冥黑山,"崔玨說,"這裡沒有動物,只有很餓的鬼和妖怪。"太宗看了看四周,地上沒有草,山上沒有樹,河裡沒有水,天上沒有鳥,只能看到黑雲,只能聽到冷風和魔鬼[31]的叫喊。他很害怕,但是崔玨幫助他過了這座山。

過了山以後,太宗看到一些讓他感到很害怕的事情。那是一個有許多房子的地方,每幢房子都有很多房間,每個房間都有靈魂在大聲地哭著。

"這些人都是誰?"太宗問道。

---

30 包住　　bāo zhù – to surround
31 魔鬼　　móguǐ – devil, demon

"Zhè shì shíbā céng dìyù," Cuī Jué shuō. "Zhè lǐ yǒu xǔduō bùtóng de rén. Nín huì kàndào fó zuǐ shé xīn de rén, nín huì kàndào shuō de hé zuò de bù yíyàng de rén, nín huì kàndào yòng bù hǎo de bànfǎ cóng biérén nàlǐ ná qián de rén, nín huì kàndào fǎnduì guówáng hé guójiā de rén, dāngrán, nín hái huì kàndào shā sǐ qítā shēngwù de rén. Suǒyǒu nàxiē rén dōu bìxū liú zài zhèlǐ yìqiān nián, bèi shéngzi jǐn jǐn de kǔn zhù. Rúguǒ tāmen xiǎng yào dòng, hóng tóufǎ de móguǐ hé hēi tóufǎ de móguǐ huì yòng cháng jiàn dǎ tāmen. Kànzhe tài kěpà le!"

Zhège shíhòu, Tàizōng fēicháng hàipà, kuàiyào bùnéng zǒulù le. Dàn Cuī Jué bāngzhe tā. Tāmen jìxù zǒuzhe, hěn kuài láidào le sān zuò dàqiáo. Dì yī zuò shì jīnqiáo, Cuī Jué hé Tàizōng zǒu le guòqù. Dì èr zuò shì yín qiáo, xǔduō hǎorén bèi qízi dàizhe zǒu le guòqù.

"這是十八層³²地獄，"崔玨說。"這裡有許多不同的人。您會看到佛嘴蛇心的人，您會看到說的和做的不一樣的人，您會看到用不好的辦法從別人那裡拿錢的人，您會看到反對³³國王和國家的人，當然，您還會看到殺死其他生物的人。所有那些人都必須留在這裡一千年，被繩子緊緊地捆住。如果他們想要動，紅頭髮的魔鬼和黑頭髮的魔鬼會用長劍打他們。看著太可怕了！"

這個時候，太宗非常害怕，快要不能走路了。但崔玨幫著他。他們繼續走著，很快來到了三座大橋。第一座是金橋，崔玨和太宗走了過去。第二座是銀³⁴橋，許多好人被旗子帶著走了過去。

---

³² 層　　céng – (measure word for a layered object)
³³ 反對　　fǎnduì – oppose
³⁴ 銀　　yín – silver

"Dì sān zuò qiáo shì shénme?" Tàizōng wèn.

"Nà shì chéngfá qiáo," Cuī Jué shuō. "Nín huí dào rénjiān yǐhòu, qǐng gàosù rénmen zhè zuò qiáo. Tā hěn cháng hěn cháng, dàn zhǐyǒu sāngēn shǒuzhǐ nàyàng kuān, méiyǒu lángān. Yìbǎi chǐ xiàmiàn shì xiàng bīng yíyàng lěng de héliú, lǐmiàn yǒu hěnduō hěnduō móguǐ hé yāoguài. Nàxiē bù chuān xiézi, tóufǎ hěn zāng de guǐ dōu xiǎngyào guò zhè zuò qiáo. Rúguǒ tāmen diào jìn hé lǐ, móguǐ hé yāoguài jiù huì cóng hé lǐ pá chūlái, zhuā zhù nàxiē guǐ bǎ tāmen lā jìn shuǐ lǐ."

Tàizōng bǐ yǐqián gèng hàipà le. Zhè yǐhòu, tāmen lái dào yízuò chéng, nàlǐ dōu shì yìxiē méiyǒu tóu de guǐ. "Ràng wǒmen huídào wǒmen de shēngmìng zhòng qù!" tāmen yìqǐ hǎnzhe, "Ràng wǒmen huídào wǒmen de shēngmìng zhòng qù!" Yǒu yìxiē guǐ

"第三座橋是什麼？"太宗問。

"那是懲罰[35]橋，"崔珏說，"您回到人間以後，請告訴人們這座橋。它很長很長，但只有三根手指那樣寬[36]，沒有欄杆[37]。一百尺下面是像冰一樣冷的河流，裡面有很多很多魔鬼和妖怪。那些不穿鞋子、頭髮很髒[38]的鬼都想要過這座橋。如果他們掉進河裡，魔鬼和妖怪就會從河裡爬出來，抓住那些鬼把他們拉[39]進水裡。"

太宗比以前更害怕了。這以後，他們來到一座城，那裡都是一些沒有頭的鬼。"讓我們回到我們的生命中去！"他們一起喊著，"讓我們回到我們的生命中去！"有一些鬼

---

[35] 懲罰　chéngfá – punishment
[36] 寬　kuān – width
[37] 欄杆　lángān – railing
[38] 髒　zāng – dirty
[39] 拉　lā – to pull down

xiǎngyào zhuā zhù Tàizōng.

"Bāng bāng wǒ, Cuī Jué fǎguān!" Tàizōng shuō.

"Zhèxiē shì shénme rén?"

"Zhèxiē shì bèi rénmen wàngjì de guǐ, tāmen zài zhàndòu zhōng sǐ le, méiyǒu rén zhīdào tāmen. Méiyǒu rén gěi tāmen yí gè jiā, yě méiyǒu rén guānxīn tāmen. Tāmen bùnéng jìnrù Zhuǎn Lúncáng, yīnwèi tāmen méiyǒu qián. Suǒyǐ tāmen liú zài zhèlǐ yòu lěng yòu è. Nín kěnéng kěyǐ bāngzhù tāmen."

"Wǒ zěnme bāng tāmen?" Tàizōng wèn. "Zài zhège dìyù lǐ wǒ yě méiyǒu qián!"

"Yǒu yí gè zài rénjiān de Xiāng xiānshēng, tā zài dìyù lǐ fàng le hěnduō jīn hé yín. Nín kěyǐ wèn tā jiè qián, ránhòu bǎ qián gěi wǒ. Wǒ huì bǎ qián gěi nàxiē hěn è de guǐ, ràng tāmen jìnrù Zhuǎn Lúncáng. Rúguǒ wǒ zhèyàng zuò, tāmen huì ràng wǒmen zǒu guòqù, wǒmen zài dìyù lǐ de shìqing jiù kěyǐ jiéshù le. Nín huídào rénjiān yǐhòu kěyǐ bǎ qián huán gěi Xiāng xiānshēng."

想要抓住太宗。

"幫幫我，崔珏法官！"太宗說。"這些是什麼人？"

"這些是被人們忘記的鬼，他們在戰鬥中死了，沒有人知道他們。沒有人給他們一個家，也沒有人關心他們。他們不能進入轉輪藏，因為他們沒有錢。所以他們留在這裡又冷又餓。您可能可以幫助他們。"

"我怎麼幫他們？"太宗問。"在這個地獄裡我也沒有錢！"

"有一個在人間的相先生，他在地獄裡放了很多金和銀。您可以問他借錢，然後把錢給我。我會把錢給那些很餓的鬼，讓他們進入轉輪藏。如果我這樣做，他們會讓我們走過去，我們在地獄裡的事情就可以結束了。您回到人間以後可以把錢還給相先生。"

Tàizōng jiè le qián, bǎ qián gěi le Cuī Jué, Cuī Jué zài bǎ qián gěi le nàxiē hěn è de guǐ, shuō, "Zhè shì Tàizōng dàdì. Wǒ yào dài tā huídào rénjiān. Nǐmen yòng zhèxiē jīn hé yín jiù kěyǐ jìnrù Zhuǎn Lúncáng. Xiànzài ràng tā guòqù!" Nàxiē guǐ bǎ qián ná zǒu, ràng tāmen guòqù le.

Tāmen jìxù zǒulù. Zǒu le hěnjiǔ, tāmen lái dào le yí gè hěn dà de zhuǎn lún qiánmiàn. Tàizōng kàndào rén, dòngwù, niǎo, guǐ hé yāoguài. Tāmen dōu zài zhuǎn lún xiàmiàn zǒuguò, ránhòu cóng lìng yìbiān chūlái zǒuxiàng liùtiáo bùtóng de lù zhōng de yìtiáo.

"Zhè shì shénme?" Tàizōng wèn.

"Nín yào jì zhù zhège, hái yào gàosù shìjiè shàng de rén, zhè shì Zhuǎn Lúncáng. Rénmen sǐ de shíhòu lái dào zhèlǐ, tāmen de línghún zài zhège Zhuǎn Lúncáng xiàmiàn. Dāng tāmen zǒudào lìng yìbiān de shíhòu, měi gè línghún dōu yào zǒu liùtiáo lù zhōng de yìtiáo. Tāmen zhōng wǔtiáo shì: Chángshēng lù, róngyù lù, xìngfú lù,

太宗借了錢，把錢給了崔珏，崔珏再把錢給了那些很餓的鬼，說，"這是太宗大帝。我要帶他回到人間。你們用這些金和銀就可以進入轉輪藏。現在讓他過去！"那些鬼把錢拿走，讓他們過去了。

他們繼續走路。走了很久，他們來到了一個很大的轉輪前面。太宗看到人、動物、鳥、鬼和妖怪。他們都在轉輪下面走過，然後從另一邊出來走向六條不同的路中的一條。

"這是什麼？"太宗問。

"您要記住這個，還要告訴世界上的人，這是轉輪藏。人們死的時候來到這裡，他們的靈魂在這個轉輪藏下面。當他們走到另一邊的時候，每個靈魂都要走六條路中的一條。它們中五條是：長生路，榮譽路，幸福路，

"人們死的時候來到這裡，他們的靈魂在這個<u>轉輪藏</u>下面。"

"Rénmen sǐ de shíhòu láidào zhèlǐ, tāmen de línghún zài zhège Zhuǎn Lúncáng xiàmiàn."

"When people die, they come here and their souls go under the Wheel of Rebirth."

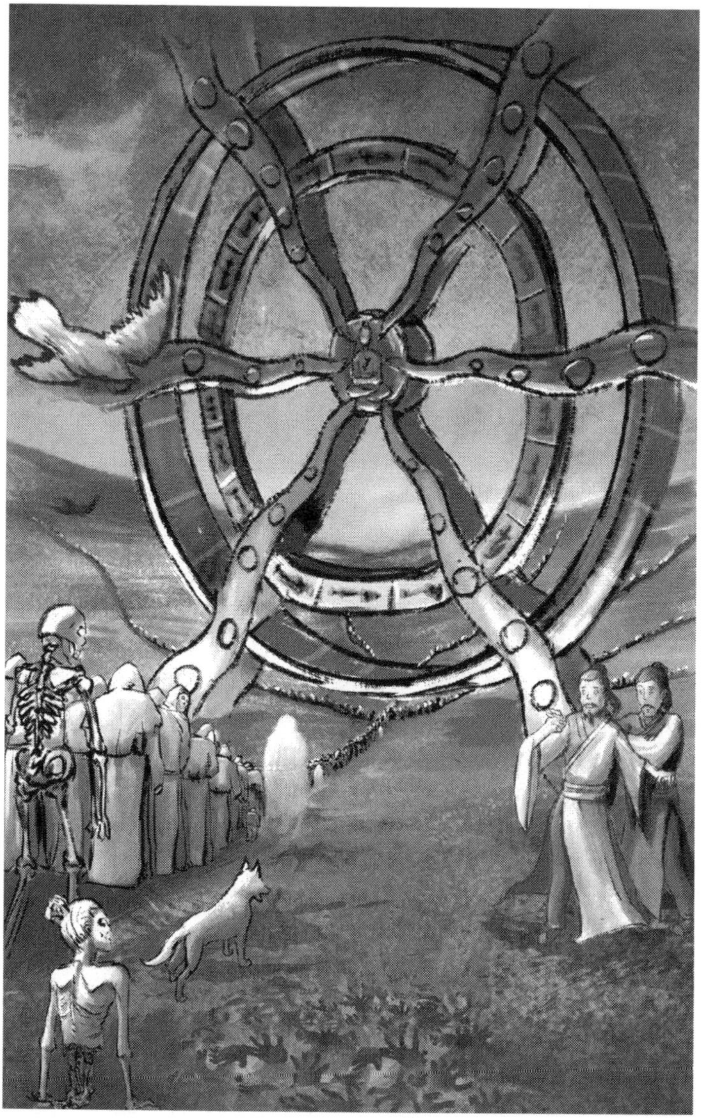

rénjiān lù hé cáifù lù, rúguǒ bù zǒu nà wǔtiáo lù, nà zhǐ néng zǒu rù dì liù tiáo móguǐ lù. Zhèxiē lù juédìng le tāmen xià yícì de shēngmìng. Dànshì nín jīntiān búyòng zài Zhuǎn Lúncáng xiàmiàn zǒuguò. Nín kěyǐ jīngguò Zhuǎn Lúncáng de mén yìzhí zǒuxiàng róng yù lù."

Tāmen cóng Zhuǎn Lúncáng de pángbiān zǒu. Guò le róngyù lù de mén yǐhòu, Cuī Jué shuō, "Xiànzài wǒ yào líkāi nín le. Zhū dàjiàng huì jìxù dài nín huídào rénjiān. Nín huídào rénjiān yǐhòu, bìxū yào zuò yì chǎng Shuǐlù Dàhuì lái bāngzhù zhèxiē hěn è de guǐ zài huídào shēngmìng zhòng qù. Búyào wàngjì! Rúguǒ nín xiǎngyào nín de guójiā hépíng, dìyù lǐ yídìng bùnéng yǒu xǔduō è guǐ. Ràng nín guójiā de rén dōu yào zuò hǎoshì, zhè huì ràng nín de jiārén xìngfú, ràng nín de guójiā ānquán."

Tàizōng hé Zhū dàjiàng zǒuguò le róngyù lù de mén. Zài mén de lìng yìbiān, liǎng pǐ měilì de mǎ zhèngzài děngzhe tāmen. Tāmen

人間路和財富⁴⁰路，如果不走那五條路，那隻能走入第六條魔鬼路。這些路決定了他們下一次的生命。但是您今天不用在轉輪藏下面走過。您可以經過轉輪藏的門一直走向榮譽路。"

他們從轉輪藏的旁邊走。過了榮譽路的門以後，崔珏說，"現在我要離開您了。朱大將會繼續帶您回到人間。您回到人間以後，必須要做一場水陸大會來幫助這些很餓的鬼再回到生命中去。不要忘記！如果您想要您的國家和平，地獄裡一定不能有許多餓鬼。讓您國家的人都要做好事，這會讓您的家人幸福，讓您的國家安全。"

太宗和朱大將走過了榮譽路的門。在門的另一邊，兩匹⁴¹美麗的馬正在等著他們。他們

---

⁴⁰ 財富　　cáifù – wealth
⁴¹ 匹　　　pǐ – (measure word for horses, clothes)

hěn kuài de dào le yìtiáo hěn kuān de hé biān. Zài dìyù lǐ shēnghuó de shíjiān tài cháng le, suǒyǐ dāng Tàizōng kàndào le zhè tiáo hé jiù rènwéi zhè shì tā jiànguò de zuì měilì de dōngxi, tā zuò zài mǎshàng kànzhe hé. Zhū xiǎng jiào tā jìxù zǒulù, dàn Tàizōng zhǐshì yìzhí zài kànzhe hé.

Zuìhòu, Zhū dàshēng hǎndào, "Nǐ hái zài děng shénme? Zǒu!" Tā bǎ Tàizōng cóng mǎshàng tuī dào hé lǐ. Xiànzài Tàizōng zài shuǐzhōng, dàn tā yě shì zài tā rénjiān shēnghuó de dìfāng, zài tā de guāncai lǐmiàn. Tā dǎzhe guāncai de mén, dà jiào, "Bāngzhù wǒ! Wǒ zài shuǐ xià!" Yìxiē dàchén xiǎng zhè yídìng shì guǐ, dànshì Wèi chéngxiàng hěn kuài jiù dǎkāi le guāncai. Tàizōng zǒu le chūlái, shēnshàng de shuǐ liú dào gōngdiàn de dìshàng.

"Wǒ zhǐshì zài hébiān qízhe wǒ de mǎ, nàge kěpà de Zhū bǎ wǒ cóng mǎshàng lā xiàlái tuījìn le hé lǐ!" Tàizōng shuō.

很快地到了一條很寬的河邊。在地獄裡生活的時間太長了，所以當太宗看到了這條河就認為這是他見過的最美麗的東西，他坐在馬上看著河。朱想叫他繼續走路，但太宗只是一直在看著河。

最後，朱大聲喊道，"你還在等什麼？走！"他把太宗從馬上推到河裡。現在太宗在水中，但他也是在他人間生活的地方，在他的棺材[42]裡面。他打著棺材的門，大叫，"幫助我！我在水下！"一些大臣想這一定是鬼，但是魏丞相很快就打開了棺材。太宗走了出來，身上的水流到宮殿的地上。

"我只是在河邊騎著我的馬，那個可怕的朱把我從馬上拉下來推進了河裡！"太宗說。

---

[42] 棺材　　guāncai – coffin

Tā de dàchén kànzhe tā. "Bìxià, nín méiyǒu shénme yào pà de. Zhèlǐ méiyǒu hé, méiyǒu mǎ, yě méiyǒu Zhū!" Tā de yīshēng gěi le tā yidiǎn yào hé yidiǎn tāng, Tàizōng shuì le yí gè wǎnshàng.

Tàizōng hěn zǎo jiù qǐchuáng le, tā ràng suǒyǒu de dàchén hé dàjiàng dōu qù huánggōng. Tā gàosù tāmen tā zài dìyù lǐ de gùshì. "Wǒ hěn gāoxìng huídào rénjiān," tā shuō. "Xiànzài wǒmen yǒu hěnduō shìqing yào qù zuò!"

Tàizōng xiān zuò le yi chǎng Shuǐlù Dàhuì qù bāngzhù nàxiē è guǐ jìnrù Zhuǎn Lúncáng, ràng nàxiē guǐ zài yícì chūshēng. Ránhòu, tā ràng tā de yí wèi dàchén bǎ zài dìyù lǐ jiè de jīnzi huán gěi Xiāng xiānshēng. Zuìhòu, tā bǎ nánguā sòng dào dìyù lǐ de shí gè guówáng nàlǐ. Dànshì jīntiān wǎnshàng jiù bùnéng gàosù nǐ tā shì zěnmeyàng zuò zhèxiē shìqíng de, yīnwèi zhège gùshì tài cháng le.

他的大臣看著他。"陛下,您沒有什麼要怕的。這裡沒有河,沒有馬,也沒有朱!"他的醫生給了他一點藥和一點湯[43],太宗睡了一個晚上。

太宗很早就起床了,他讓所有的大臣和大將都去皇宮。他告訴他們他在地獄裡的故事。"我很高興回到人間,"他說。"現在我們有很多事情要去做!"

太宗先做了一場水陸大會去幫助那些餓鬼進入轉輪藏,讓那些鬼再一次出生。然後,他讓他的一位大臣把在地獄裡借的金子還給相先生。最後,他把南瓜送到地獄裡的十個國王那裡。但是今天晚上就不能告訴你他是怎麼樣做這些事情的,因為這個故事太長了。

---

[43] 湯　　tāng – soup

Cóng zhè yǐhòu, Tàizōng yòu zuò le èrshí nián de huángdì, tā yìzhí méiyǒu wàngjì tā zài dìyù lǐ de nà duàn shíjiān. Tā jìdé tā zài nàlǐ kàndào de suǒyǒu shìqing. Tā xiǎng bāngzhù suǒyǒu de rén, ràng tāmen guò hǎo de shēnghuó.

Zhè jiùshì wǒ jīntiān wǎnshàng de gùshì. Qīn'ài de háizi, búyào dānxīn, wǒ hái yǒu gèng duō de gùshì yào gàosù nǐ. Míngtiān wǎnshàng, nǐ huì tīng dào niánqīng de héshang Xuánzàng shì zěnme kāishǐ tā de xīyóu, tā shì zěnme jiàndào Sūn Wùkōng de.

Wǎn'ān, wǒ ài nǐ!

從這以後，<u>太宗</u>又做了二十年的皇帝，他一直沒有忘記他在地獄裡的那段時間。他記得他在那裡看到的所有事情。他想幫助所有的人，讓他們過好的生活。

這就是我今天晚上的故事。親愛的孩子，不要擔心，我還有更多的故事要告訴你。明天晚上，你會聽到年輕的和尚<u>玄奘</u>是怎麼開始他的西遊，他是怎麼見到<u>孫悟空</u>的。

晚安，我愛你！

The Emperor in Hell
Chapter 10

My dear child, I know you are tired. But tonight I have a good story to tell you! I will tell you about three powerful and famous people: an emperor who lived in a palace in Chang'an, the emperor's wise prime minister, and a dragon king who lived under the river.

People say that a great river always starts as a tiny stream. And so, tonight's story begins with two ordinary people: a woodsman and a fisherman. These two were not scholars, but they were intelligent men and they loved to talk. They were also very good friends. Every day the fisherman sold the fish that he had caught, and the woodsman sold the wood that he had cut. At the end of the day they met at a tavern to eat dinner, drink wine and talk.

One evening, after they were done eating and drinking, they walked side by side on a small path alongside the Jing River to return home. They were both a little drunk, and each held a bottle of wine in his hand.

"My friend," said the woodsman, "I think that people who want to be famous will lose their lives because of fame, and people who want to be rich will be unhappy because of their money. Our lives are much better, because we are not famous and we have no money. We live in the beautiful mountains near the river. What more could we want?"

"You are correct," said the fisherman, "we both have

happy lives, and we both live in beautiful places. But my river is much better than your mountains. Every day I sail in my little boat. My friends are the sun and wind, the birds in the sky, and the fish in the river. Every day I see my wife and son. My mind is clear, I have no worries, and I sleep very well at night."

"No, my friend," said the woodsman, "you are wrong. My forest is much better than your river. Every day in spring I walk through the woods, listening happily to the song of the birds. Summer comes, and the fragrance of flowers is all around me. Then autumn arrives, and then the cold of winter. I have no king and no master. I am happy in all four seasons!"

The woodsman and the fisherman walked home this way, talking about their lives, their jobs and their families. Each one said that his life was better than the other's. Finally, they came to a place where one road went east and the other went west, and it was time for the two friends to say goodbye. "Be careful, my old friend," said the fisherman. "When you climb your mountain tomorrow, be careful and watch for tigers. If a tiger were to eat you, I would miss you!"

The woodsman became angry at this, and shouted, "You fool! Good friends would die for each other. But now you say that I might be eaten by a tiger? Well, maybe you will fall into the river and die! Nobody knows what will happen tomorrow."

The fisherman was not angry. He replied, "Ah, but I do know what will happen tomorrow."

"How can you know that?" cried the woodsman.

The fisherman said, "I will tell you a secret. In the city of Chang'an, on a small street near the west gate, there is a man who can see the future. Every day I go and find him. I give him a fish, and he tells me where to find more fish the next day. I have listened to him a hundred times, and he is never wrong. Just today, he told me where to catch fish tomorrow in the Jing River. I will do as he says. Tomorrow I will sell many fish, and I will buy you a bottle of fine wine!"

After that, the woodsman and the fisherman each went to their homes. But that is not the end of our story, because you know the old saying, "words said on the road are heard in the grass." A river spirit was nearby. He heard the fisherman say that he had caught many fish for a hundred days in a row. The river spirit was very frightened. He rushed to the palace of the Dragon King of the Jing River, shouting "Disaster! Disaster!"

"What kind of disaster?" asked the Dragon King.

The river spirit replied, "Just now I was in the river near a small path. I heard two men talking. One of them, a fisherman, said that every day he goes to see a man in Chang'an who can see the future. This man tells the fisherman where to fish the next day. And he is never wrong! You must do something. If you don't, the fisherman will catch all the fish in the river and we will all die!"

The Dragon King became very angry. He picked up his sword and started to rush out of his palace to kill the man. But before he could leave, one of his ministers said, "Your Majesty, please wait, don't do this! You are the King of Eight Rivers and you can change the weather. If you go to Chang'an in anger, you will bring great thunder and heavy rains to the city. The people will be frightened, and Heaven will be angry with you. Instead, go slowly and quietly and learn more about this man. You can change into any man or animal. So, change into a man and go see him. Then you can decide what to do."

The Dragon King thought this was a good idea. So he walked up out of the water onto the riverbank, then he changed into a tall and handsome scholar wearing a white robe. He walked into Chang'an.

Near the west gate he saw a man standing in front of his house, surrounded by a noisy crowd. The man was telling people what would happen in their future.

The Dragon King pushed the people aside and walked right past the fortune teller and into the house. The fortune teller followed him into the house. He told a boy to serve tea, then he sat down and looked at the Dragon King.

"What do you want to know?" asked the fortune teller.

"Please tell me tomorrow's weather."

"Tomorrow at the hour of the Dragon, clouds will come. At the hour of the Snake, thunder will come. At the hour of the Horse rain will start to fall, and at the hour of the Sheep it will finish. Altogether, there will be three feet and three inches of rain."

"I'll tell you what," laughed the Dragon King, "if you are right, I will come back and give you fifty pieces of gold. But if you are wrong even a little bit, I will smash your house and chase you out of Chang'an."

"Of course, that is no problem," said the fortune teller. "Good bye for now. Please come again tomorrow after the rain."

The Dragon King returned to his palace, and he sat on his throne and told his ministers and friends the story of the stupid man he had met in Chang'an. The Dragon King did not think that anyone could know the future. But just then, a messenger from the Jade Emperor arrived. He said, "The Jade Emperor commands the King of the Eight Rivers to bring rain to Chang'an tomorrow," and then the messenger told the Dragon King to bring the same amount of rain at the same time that the fortune teller had said.

"Oh no!" cried the Dragon King. "I should not have made this bet with the fortune teller. Now I will lose! I don't care about the gold, but I really don't like to lose a bet!"

"Don't worry," said his ministers. "This is not a problem. Make the rain tomorrow as the Emperor commands. But make it rain just a little bit less, perhaps a half inch less. Then the fortune teller will be wrong, and you can smash his house and chase him out of Chang'an."

The Dragon King made the rain, but he made it rain a half inch less than what the Emperor had commanded. When the rain was finished, he went to the fortune teller's house and began smashing the door, the chairs and tables, the sign, and the entire house. The fortune teller just sat watching him and did nothing.

"You cannot see the future!" shouted the Dragon King. "You just take money from the people and tell them meaningless stories. You must leave Chang'an at once!"

The fortune teller just smiled and looked up at the sky. Then he said quietly, "I am not afraid of you. You are not a scholar at all, you are the Dragon King. And you have failed to send the rain as the Emperor commanded. Now you will be brought to Prime Minister Wei, and then you will be killed. Prepare to die, Dragon King!"

Now the Dragon King was not angry, he was afraid. He knew the fortune teller was correct and that he would soon be killed. So he left the fortune teller's house with tears in his eyes, changed into a dragon, and flew slowly to the Emperor's palace. Then he changed back into a man and waited in the palace garden for the Emperor to come. He waited a long time, until the middle of the night.

The Emperor was asleep in his bed. In his dream he entered the garden and saw the Dragon King waiting for him. The Dragon King cried, "O Emperor, please help me!"

"Why should I help you?" replied the Emperor.

"I am the Dragon King of the Jing River. You commanded me to send rain to the city of Chang'an, but I sent you less rain than you commanded."

The Emperor already knew that the Dragon King had done this, and he had already commanded Prime Minister Wei to execute the Dragon King. But the Emperor said, "Don't worry, I will speak with my Prime Minister about this matter. You will not be hurt, believe me!"

Right after that, the Emperor woke up and remembered the dream. He went to his throne room and saw all his ministers and generals, but he did not see Prime Minister Wei. So he commanded Wei to come to the throne room.

Wei arrived. The Emperor did not say anything about the Dragon King. He said to Wei, "Let's play a game of chess." They began to play. But after an hour, Wei's head fell on the table and he fell asleep. The Emperor said nothing. He just let Wei sleep and waited for him to wake up.

An hour later, Wei woke up. He bowed low to the Emperor and said, "Your Majesty, your servant is so sorry that he fell asleep in front of you. Please kill me now!" But the Emperor told him not to worry, and they started to play another game of chess.

Just then, two ministers ran into the throne room, holding a huge dragon's head, and shouting, "Your Majesty, we have seen many things, but we have never seen this! Look at this dragon's head, it just fell from the sky!"

The Emperor looked at Wei. "What is this?" he asked.

"This is the head of the dragon that your useless servant just executed, as you commanded. Just now we were playing chess, and I fell asleep. While I was sleeping, I flew into the sky, above the clouds. There I saw the Dragon King waiting to be executed. I told him, 'You have broken Heaven's law, now you must die.' And then I killed him."

When the Emperor heard this, he was both happy and unhappy. He was happy to know he had such a good prime minister as Wei. But he was unhappy because he had told the Dragon King that he would help him. He left the throne room and went to bed. While in bed, he kept thinking about the Dragon King crying and asking him for help.

For a long time he could not fall sleep. Around midnight he did sleep, but in his dream the Dragon King came to him, holding his own head, dripping blood, and crying, "Taizong, Taizong, give me back my head! Give me back my life!" The Dragon King grabbed the Emperor and would not let go.

In the dream, the Emperor tried to get away from the Dragon King, but he could not. He became very tired and thought he was going to die. But then he heard beautiful music, and looking to the South he saw colorful clouds. A beautiful woman was standing in the clouds. It was Guanyin, the Buddhist teacher.

Guanyin had come to Chang'an to find someone to journey to the West and bring back the Buddha's teachings. Guanyin had been sleeping in a nearby temple when she heard the cries of the Dragon King and the Emperor. She made the Dragon King let go of the

Emperor, and then she took the Dragon King down to the underworld.

Right after that, the Emperor woke up. He was terrified, and shouted, "Ghost! Ghost!" Everyone in the palace woke up, and they stayed awake for the entire night. The next day the Emperor did not talk to anyone and did not leave his bed. He stayed in bed for six days, not eating or drinking. On the seventh day the Queen Mother called a doctor to come and examine him.

The doctor examined the Emperor. Afterwards, he said to the Queen Mother, "The Emperor is very ill. I do not know why. He talks about seeing ghosts. His heart is sometimes quick and sometimes slow. I am afraid that he will die within a week." This frightened the Queen Mother and the ministers.

Later that day, the Emperor commanded several of his minsters and generals to come and see him. He said to them, "Since I was nineteen years old, I have been your Emperor. I have fought many wars and traveled to every place on earth - East, South, West and North. I have seen many things and fought many monsters, but I've never seen a ghost. Now I hear them screaming all day and all night. During the day it's not so bad, but at night it is so loud that I cannot sleep at all."

"Don't worry about those ghosts!" said one of the generals. "Tonight two of us will stand outside your room. We won't let any ghosts inside your bedroom. You will be able to sleep tonight."

And so that evening the two generals, wearing bright

golden armor and carrying swords, stood outside the Emperor's bedroom door. They stood there all night but did not see any ghosts. The Emperor did not hear any ghosts, and he had no trouble sleeping.

The two generals returned the next night, and the night after that. They did not see any ghosts, and the Emperor slept well. But the Emperor did not want his generals to work all night every night. So he commanded an artist to make paintings of the two generals, and the paintings of the generals were put outside his room.

For a few nights no ghosts came to the door. But then the Emperor began to hear ghosts again. He was very unhappy and would not eat or drink anything. He knew that he was going to die soon. So he bathed and put on clean clothing, and lay down on his bed, waiting to die.

Wei came to him and said, "Don't worry, Your Majesty. I can give you a long life."

"My friend," said the Emperor, "it is too late for that. My heart is sick, and soon I will die."

Wei said, "A long time ago, a man named Cui Jue was a minister here in the palace. He was a good friend of mine. When he died he went to the underworld and became a judge. I still meet with him frequently in my dreams. I think he can help you." And then Wei gave the Emperor a letter. "When you arrive in the underworld, look for Cui Jue. Give him this letter. After he reads it, I think he will help you return to the world of the living!"

Taizong heard these words, smiled at Wei, and took the

letter in his hand. Then he closed his eyes and died.

My child, do not be afraid of death! Listen:

> A hundred years pass like water
> A lifetime is but a single dream
> The face that was the color of peaches
> Is now edged with snow
> If you quietly do good deeds
> Heaven will give you a long and happy life

Chapter 11

Taizong's soul drifted upwards, out of the palace. He did not know where he was or what he was doing. He saw clouds. He thought that some men on horses arrived and wanted to take him riding with them. But a little while later he could not see the men and horses, and he was alone again. He began to walk. It was cold and dark, the wind was blowing, and he could not see anything.

Taizong walked for a long time. Finally he heard a voice in the darkness. It said, "Your Majesty, come over here! Come over here! Taizong looked and saw a tall man standing in front of him. The man was wearing a white robe. He had long white hair under a black hat, and his long white beard was blowing in the wind. In one hand he held a Book of Life and Death.

"Who are you, and why have you come to meet me?" asked Taizong.

The man said, "Two weeks ago the Dragon King of the

Jing River came here. He told the Kings of the Underworld that you promised to save him, but then you had him killed. The Kings of the Underworld wanted to talk with you. So they sent ghosts to the human world to bring you here. That is why you became ill and died. I heard that you were coming to the underworld, so I came here to meet you."

"What is your name," asked Taizong again, "and what is your rank?"

"When your lowly subject was alive, he served as a minister in your palace. My name is Cui Jue."

Taizong said, "I am very happy to see you! My prime minister Wei gave me this letter to give to you." And he handed the letter to Cui Jue. Cui Jue opened the letter and read it. It said,

> "Your beloved brother Wei sends this letter to the Great Judge of the Underworld, my brother Mr. Cui. I remember our friendship, and your voice and handsome face are always with me. Several years have passed since we last talked together in my dreams. I have only given you a few vegetables and fruits during the festivals, and I hope you have enjoyed them. I am glad that you have not forgotten me, and I am also glad that you are now a judge in the underworld. The worlds of men and the underworld are far apart, so we cannot meet. I write you now because of the sudden death of my Emperor Taizong. I ask you to not forget our friendship, and allow the Emperor to return to life."

"I know the story of the Dragon King, and I think you did the correct thing," said Cui Jue. "I am happy to help you return to the world of the living, if I can. But first, you must come with me and meet with the Kings of the Underworld."

Just then, two servant boys arrived. They wore blue robes and carried flags, and they shouted, "The Kings of the Underworld want to meet with you." Taizong and Cui Jue walked behind the boys. Soon they arrived at the gate of the Palace of the Kings of the Underworld. The palace had a tall green tower that reached to the sky. Taizong saw red lightning in the sky, and monsters all around. Outside the gate, two servants stood holding large burning torches.

Taizong and Cui Jue walked inside the gate and waited. Soon, the Ten Kings of the Underworld came out, bowed to Taizong, and waited for him. Taizong bowed to them, but he did not move. One of them said to Taizong, "You are an Emperor in the world of men, we are only ghosts here in the underworld. Why do you not lead the way?"

"I am very sorry," said Taizong, "I do not know the ways of the underworld." They all stood for a while, not moving. Finally Taizong decided to start walking, so they all walked together into another room and sat down.

One of the Kings looked at Taizong and said, "The Dragon King says that you promised to save him, then you had him killed. Why?"

Taizong replied, "Yes, I did promise him that he would be safe. But before that, I had already told my prime minister Wei to execute him. I tried to save the dragon by inviting Wei to play a game of chess with me. But Wei was clever, he fell asleep and executed the dragon in his dream. I did not know about this, so I don't see how I caused the dragon's death."

The King of the Underworld said, "We understand. Even before the Dragon King was born, it was written in the Book of Life and Death that he would die by the hand of a human judge. And of course, the Dragon King did not obey the Emperor's command to send the rain. So we have already sent the him to the Wheel of Rebirth. We apologize for bringing you here."

But the Kings of the Underworld did not let Taizong leave yet. They said to Cui Jue, "Bring out the Books of Life and Death, we want to see how long Taizong should live."

Cui Jue went into another room to look in the Book of Life and Death, and he saw that Taizong would die in the thirteenth year of his reign. Quickly, Cui Jue used his brush and ink to add two strokes to the character ten (十), making it a thirty (卅). Then he brought the book to the Kings of the Underworld.

"How many years have you been the Emperor?" they asked.

"Thirteen years," replied Taizong.

"Don't worry, then, you have twenty more years of life. Now we are finished, and you may return to the human world. Again, we are sorry for bringing you here."

Taizong bowed and thanked the Kings. "Is there anything I can give you when I return to the human world?" he asked.

"Well, we would love to have some pumpkins!" said the Kings.

"That's not a problem at all," said Taizong, "I would be happy to send you some pumpkins."

Then the Kings ordered Cui Jue and another man, General Zhu, to take Taizong back to the human world. As they left, Taizong saw that they were taking a different road than the road that they had taken when they entered. "Aren't we going the wrong way?" he asked Cui Jue.

"No. It is easy to enter the underworld when you die, but you can only leave through the Wheel of Rebirth. Now we go to the Wheel. But it is a long walk, and I will show you a little bit of hell as we walk!"

Now my dear child, I must tell you some of the things that Taizong saw in the underworld. Please don't be afraid!

Taizong, Cui Jue and General Zhu walked for several miles, then they saw a very tall mountain. Black clouds surrounded it. "This is the Mountain of Darkness," said Cui Jue. "There are no animals here, only hungry ghosts and monsters." Taizong looked around. He saw no grass on the ground, no trees on the sides of the mountain, no water in the rivers, no birds in the sky. He saw only black clouds and heard only the cold wind and the shouts of demons and ghosts. He was very afraid, but Cui Jue helped him to pass the mountain.

But after they passed the mountain, Taizong saw something that frightened him even more. It was a place with many buildings, each with many rooms, and in each room souls were crying loudly.

"Who are all these people?" asked Taizong.

"These are the Eighteen Levels of Hell," said Cui Jue. "Many different kinds of people are here. You will see people who had the mouth of a Buddha but the heart of a snake. You will see people who said one thing but do something else. You will see people who took money from others through deception. You will see people who turned against their king and country. And of course, you will see people who killed other living creatures. Those people must stay here for a thousand years, bound tightly with ropes. If they move, red-hair demons and black-hair demons strike them with long swords. It is terrible to see!"

By this time, Taizong was so afraid that he almost could not walk. But Cui Jue helped him, and they walked down the road. Soon they came to three bridges. The first was a golden bridge, which Taizong and Cui Jue walked across. The second was a silver bridge, where many good people walked across, led by flags.

"What is that third bridge?" asked Taizong.

"That is the Bridge of Punishment," said Cui Jue. "When you return to the world of the living, please tell others about this bridge. It is many miles long but only as wide as three fingers, and there are no railings. A hundred feet below is a river as cold as ice, full of demons and monsters. Ghosts with bare feet and dirty hair try to cross this bridge. If they fall, demons and monsters rise up from the river, grab them and pull them under the water."

Taizong was even more afraid than before. Next, they came to a city full of headless ghosts. "Give us back our lives!" they all shouted. "Give us back our lives!" Some of them tried to grab Taizong.

"Help me, Judge Cui!" cried Taizong. "Who are these people?"

"These are the forgotten ghosts of soldiers who died fighting for nothing. Nobody has given them a home or cared for them. They cannot enter the Wheel of Rebirth because they have no money. So they stay here, cold and hungry. Perhaps you can help them."

"How can I help them?" asked Taizong. "I also have no money here in the underworld!"

"There is a man living in the human world, a Mr. Xiang, who has put a large amount of gold and silver here in the underworld. You can borrow money from him and give it to me. I will give it to the hungry ghosts so they can enter the Wheel of Rebirth. If I do this, they will let us pass and we can finish our journey. Later, when you return to the human world, you can repay Mr. Xiang."

So Taizong borrowed the money and gave it to Cui Jue, and Cui Jue gave the money to the hungry ghosts, saying, "Here is the great emperor Taizong. I am taking him back to the human world. Use this gold and silver to buy entry to the Wheel of Rebirth. Now let him pass!" The hungry ghosts took the money and let them pass.

They kept walking, and after a long time they arrived at a very large wheel. Taizong looked and saw people, animals, birds, ghosts and monsters. Each of them walked under the wheel and came out on the other side, walking on one of six different roads.

"What is this?" asked Taizong.

"You must remember this and tell people in the human world about it. This is the Wheel of Rebirth. When people die, they come here and their souls go under this wheel. When they come out on the other side, each soul takes one of six paths. Five of them are: the Path of Immortals, the Path of Honor, the Path of Happiness, the Path of Man, and the Path of Wealth. Otherwise, they fall down to the Path of Demons. This decides what their next life will be. But you will not go under the Wheel of Rebirth today. You will go directly to the Gate of Rebirth on the Path of Honor."

After they walked around the Wheel and through the Path of Honor's Gate of Rebirth, Cui Jue said, "Now I must leave you. General Zhu will take you the rest of the way back to the human world. When you return to the human world, you must hold a Great Mass of Land and Water ceremony to help these hungry ghosts be reborn. Do not forget! If you want peace in your country, there must not be any hungry ghosts in the underworld. Teach all your people to be good. This will make your family happy and your country safe."

Taizong walked through the Gate of Rebirth with General Zhu. On the other side of the gate two beautiful horses waited for them. They rode swiftly until they arrived at the banks of a wide river. After being in the underworld for so long, Taizong thought the river was the most beautiful thing he had ever seen. He just sat on his horse, looking at the river. Zhu tried to push him, but Taizong just kept looking at the river.

Finally, Zhu shouted, "What are you waiting for? Get moving!" and he pushed Taizong off his horse and into the river. Now Taizong was in the water but he was also in the land of the living, inside his coffin. He pounded on the coffin door, shouting, "Help me! I am underwater!" Some of the ministers thought it must be a ghost, but Prime Minister Wei quickly opened the coffin. Taizong stepped out, dripping wet, onto the palace floor.

"I was just riding my horse along the river, when that terrible man Zhu pushed me off the horse and into the river!" he said.

His ministers looked at him. "Your Majesty, you have nothing to fear. There is no river here, no horse, and no Zhu!" His doctor gave him a little medicine and a little soup, and Taizong went to bed and slept all night.

Early in the morning, Taizong got out of bed and called all his ministers and generals to the throne room. He told them the story of his time in the underworld. "I am so happy to be back in the human world," he said. "Now there are many things I must do!"

First, Taizong held a Great Mass of Land and Water for the souls of the hungry ghosts, to let them enter the Wheel of Rebirth and be born again. Then he sent one of his ministers to repay Mr. Xiang for the gold that Taizong had borrowed from him in the underworld. And finally, he sent pumpkins down to the Ten Kings of the underworld, but the story of how he did that is too long for me to tell you tonight!

Taizong remained as the Tang Emperor for another twenty years, and he never forgot about his time in the underworld. He remembered all the things he saw there, and he tried to help all of his people to lead good lives.

That's our story for tonight, my dear child, but don't worry, I still have many more stories to tell you. Tomorrow night you will hear how the young monk Xuanzang began his long journey to the west, and how he met the Monkey King, Sun Wukong.

Good night, I love you!

Proper Nouns

These are all the Chinese proper nouns used in this book.

Pinyin	Chinese	English
Bāhé Dàwáng	八河大王	King of Eight Rivers
Cháng'ān	長安	Chang'an, a city
Cui Jue	崔珏	Cui Jue, a deceased courtier
Guānyīn	觀音	Guanyin, bodhisattva
Jīng Hé	涇河	Jing River
Lóng Wáng	龍王	Dragon King, an immortal
Shēngsǐ Bù	生死簿	Book of Life and Death
Shuǐlù Dàhuì	水陸大會	Great Mass of Land and Water
Sūn Wùkōng	孫悟空	Sun Wukong, the Monkey King
Tàizōng	太宗	Taizong, the Tang emperor
Wángmǔ Niángniáng	王母娘娘	Queen Mother
Wèi	魏	Wei, prime minister
Xiāng	相	Xiang, a person
Xuanzang	玄奘	Xuanzang, a monk
Yōumíng Hēishān	幽冥黑山	Mountain of Darkness
Yùhuáng Dàdì	玉皇大帝	Jade Emperor, an immortal
Zhū	朱	Zhu, a deceased general
Zhuǎn Lúncáng	轉輪藏	Wheel of Rebirth

Glossary

These are all the Chinese words other than proper nouns that are used in this book.

Pinyin	Chinese	English
a	啊	ah, oh, what
ài	愛	love
ānjìng	安靜	quietly
ānquán	安全	safety
ba	吧	(indicates assumption or suggestion)
bǎ	把	to put
bái	白	white
bǎi	百	hundred
báitiān	白天	day, daytime
bàn	半	half
bànfǎ	辦法	method
bāng (zhù)	幫(助)	to help
bànyè	半夜	midnight
bào (zhù)	抱(住)	to hold, to carry
bāo zhù	包住	to surround
bǎozuò	寶座	throne
bèi	被	(particle before passive verb)
běi	北	north
bèn	笨	stupid
běn	本	(measure word for books)
bǐ	比	to compare
bì (shàng)	閉(上)	to shut, to close up
biàn	變	to change
biān	邊	side
biànchéng	變成	to become
bié	別	do not

bìng	病	disease
bīng	冰	ice
bìxià	陛下	Your Majesty
bìxū	必須	must, have to
bù	不	not
búyòng	不用	no need to
cái	才	only
cài	菜	dish
cáifù	財富	wealth
cáinéng	才能	ability, talent, only can
cǎo	草	grass
cǎodì	草地	grassland
céng	層	(measure word for a layered object)
chá	茶	tea
cháng	長	long
chǎng	場	(measure word for public events)
chànggē	唱歌	to sing
chángshēng	長生	longevity
chéng (shì)	城(市)	city
chéngfá	懲罰	punishment
chéngwéi	成為	to become
chéngxiàng	丞相	prime minister
chǐ	尺	Chinese foot
chī (fàn)	吃(飯)	to eat
chū	出	out
chuán	船	boat
chuān	穿	to wear
chuān shàng	穿上	to put on
chuáng	床	bed
chuī	吹	to blow
chūlái	出來	to come out

chūntiān	春天	spring
chūqù	出去	to go out
chūshēng	出生	born
cì	次	next in a sequence
cóng	從	from
cōngmíng	聰明	clever
cùn	寸	Chinese inch
cuò	錯	wrong
dà	大	big
dǎ	打	to hit, to play
dà hǎn	大喊	to shout
dǎ huài	打壞	to hit badly, to bash
dà jiào	大叫	to shout
dàchén	大臣	minister, court official
dài	帶	to carry, to lead
dàilù	帶路	lead the way
dàjiā	大家	everyone
dàjiàng	大將	general, high ranking officer
dǎkāi	打開	to open up
dàmén	大門	door
dàn (shì)	但(是)	but, however
dāng	當	when
dāngrán	當然	of course
dānxīn	擔心	to worry
dào	到	to arrive
dàshēng	大聲	loudly
dàwáng	大王	king
de	地	(adverbial particle)
de	的	of
dé	得	(particle showing degree or possibility)
děng	等	to wait

dì	第	(prefix before number)
diǎn	點	point, hour
diào	掉	to fall, to drop
diào (yú)	釣(魚)	to fish
dìfāng	地方	local, place
dìqiú	地球	earth
dìyù	地獄	underworld
dòng	動	to move
dōng	東	east
dōngnánxīběi	東南西北	south, east, north, west (all directions)
dōngtiān	冬天	winter
dòngwù	動物	animal
dōngxi	東西	thing
dōu	都	all
dú	讀	to read
dǔ	賭	bet
duàn	段	(measure word for sections)
duì	對	correct, to someone
duìbùqǐ	對不起	I am sorry
duō	多	many
duōjiǔ	多久	how long?
duōshǎo	多少	how many?
è	餓	hungry
èr	二	two
érzi	兒子	son
fǎguān	法官	judge
fàn	飯	cooked rice
fǎnduì	反對	to oppose
fàng	放	to put
fángjiān	房間	room

fángzi	房子	house
fēi	飛	to fly
fēicháng	非常	very much
fēng	封	(measure word for letters, mail)
fēng	風	wind
fó, fú	佛	Buddha
fófǎ	佛法	Buddha's teachings
fùjìn	附近	nearby
gǎndào	感到	to feel
gāng	剛	just
gāng cái	剛才	just a moment ago
gānjìng	乾淨	clean
gǎnxiè	感謝	thank
gāo	高	tall, high
gàosù	告訴	to tell
gāoxìng	高興	happy
ge	個	(measure word, generic)
gěi	給	to give
gēn	根	(measure word for long thin things)
gēn	跟	with
gèng (duō)	更（多）	more
gong (diàn)	宮（殿）	palace
gōngzuò	工作	work
guāncai	棺材	coffin
guānxīn	關心	concern
guǐ	鬼	ghost
guò	過	to pass, (after verb to indicate past tense)
guójiā	國家	country
guòlái	過來	to come over
guówáng	國王	king
gùshì	故事	story

hái	還	still, also
hǎi	海	sea
hái yǒu	還有	also have
hàipà	害怕	afraid
háishì	還是	still is
háizi	孩子	child
hǎn	喊	to shout
hǎn jiào	喊叫	to shout, to cry out
hǎo	好	good
hǎokàn	好看	good looking
hǎoxiàng	好像	like
hé	和	with
hé	河	river
hē	喝	to drink
hēi (sè)	黑色	black
héliú	河流	river current
hěn	很	very
hěnduō	很多	many
hěnjiǔ	很久	long time
hépíng	和平	peace
héshang	和尚	monk
hóng (sè)	紅(色)	red
hòu	後	after, back, behind
hòulái	後來	later
hòumiàn	後面	behind
huà	畫	to paint, painting
huà	話	word, speak
huā	花	flower
huài	壞	bad
huàjiā	畫家	painter
huán gěi	還給	to give back

huángdì	皇帝	emperor
huāyuán	花園	garden
huì	會	will
huí dào	回到	come back
huí jiā	回家	to return home
huídá	回答	to reply
huíqù	回去	to go back
huó	活	to live
huò	或	or
huǒjù	火炬	torch
húzi	鬍子	moustache
jí	極	extremely
jǐ	幾	several
jì zhù	記住	to remember
jiā	加	plus
jiā	家	home
jiàn	劍	sword
jiàn (miàn)	見(面)	to see, to meet
jiǎnchá	檢查	examination
jiào	叫	to call
jíbié	級別	level or rank
jìdé	記得	to remember
jiè	借	to borrow
jiérì	節日	festival
jièshào	介紹	introduction
jiéshù	結束	end, finish
jìjié	季節	season
jìn	進	to enter
jǐn	緊	tight, close
jīn	金	gold
jīngcháng	經常	often

jīngguò	經過	after, through	
jìnlái	進來	to come in	
jìnqù	進去	to go in	
jìnrù	進入	to enter	
jīntiān	今天	today	
jiù	就	just	
jiǔ	久	long	
jiǔ	酒	wine, liquor	
jiù huì	就會	will be	
jiù yào	就要	about to, going to	
jiù zhèyàng	就這樣	that's it, in this way	
jiǔdiàn	酒店	hotel	
jiùshì	就是	that is	
jìxù	繼續	to continue	
juédé	覺得	to feel	
juédìng	決定	to decide	
jūgōng	鞠躬	to bow down	
jùzi	句子	sentence	
kāishǐ	開始	to start	
kāixīn	開心	happy	
kàn	看	to look	
kǎn	砍	to cut	
kàn bújiàn	看不見	look but can't see	
kànjiàn	看見	to see	
kěnéng	可能	may	
kěpà	可怕	terrible	
kěyǐ	可以	can	
kū	哭	to cry	
kuài	塊	(measure word for chunks, pieces)	
kuàilè	快樂	happy	
kuàiyào	快要	coming soon	

kuān	寬	width
kuījiǎ	盔甲	armor
kǔn zhù	捆住	to tie up
lā	拉	to pull down
lái	來	to come
lán (sè)	藍（色）	blue
lángān	欄杆	railing
lǎo	老	old
lǎohǔ	老虎	tiger
le	了	(indicates completion)
léi	雷	thunder
lèi	累	tired
léidiàn	雷電	lightning
lěng	冷	cold
lí	離	from
lǐ	里	Chinese mile
lǐ	裡	in
liǎn	臉	face
liàng	亮	bright
liǎng	兩	two
lìhài	厲害	amazing
líkāi	離開	to go away
lǐmiàn	裡面	inside
lìng	另	another
línghún	靈魂	soul
liú	流	to flow
liú	留	to stay
liù	六	six
lóng	龍	dragon
lù	路	road
lǜ (sè)	綠（色）	green

lún	輪	wheel	
lùshàng	路上	on the road	
ma	嗎	(indicates a question)	
mǎ	馬	horse	
máfan	麻煩	trouble	
mài	賣	to sell	
màn	慢	slow	
máobǐ	毛筆	writing brush	
màozi	帽子	hat	
mǎshàng	馬上	right away	
méi	沒	no	
měi	每	every	
měi (lì)	美(麗)	handsome, beautiful	
méi wèntí	沒問題	no problem	
měitiān	每天	every day	
méiyǒu	沒有	don't have	
men	們	(indicates plural)	
mén	門	door	
mèng	夢	dream	
miànqián	面前	in front	
miào	廟	temple	
mìmì	秘密	secret	
míng	名	(measure word for people)	
míng (zì)	名(字)	first name, name	
míngbái	明白	to understand	
míngtiān	明天	tomorrow	
móguǐ	魔鬼	demon	
mù tou	木頭	wood	
ná	拿	to take	
nà	那	that	
nàlǐ	那裡	there	

nǎlǐ	哪裡	where?	
nàme	那麼	so then	
nán	南	south	
nán	男	male	
nánguā	南瓜	pumpkin	
nàxiē	那些	those ones	
nàyàng	那樣	that way	
ne	呢	(indicates question)	
néng	能	can	
nǐ	你	you	
nián	年	year	
niánqīng	年輕	young	
niǎo	鳥	bird	
nín	您	you (respectful)	
nǚ	女	female	
pá	爬	to climb	
pà	怕	afraid	
páizi	牌子	sign	
pángbiān	旁邊	next to	
pǎo	跑	to run	
péngyǒu	朋友	friend, friendship	
pǐ	匹	(measure word for horses, cloth)	
piàoliang	漂亮	beautiful	
píng	瓶	bottle	
púrén	僕人	servant	
púsà	菩薩	Bodhisattva, buddha	
jiǔ	酒	wine, liquor	
pǔtōng	普通	ordinary	
qí	棋	chess	
qí	騎	to ride	
qī	七	seven	

qián	前	before
qián	錢	money
qiān	千	thousand
qiángdà	強大	powerful
qiánmiàn	前面	front
qiáo	橋	bridge
qǐlái	起來	up
qīn'ài de	親愛的	dear
qǐng	請	please
qíngkuàng	情況	situation
qítā	其他	other
qiūtiān	秋天	autumn
qízi	旗子	flag
qīzi	妻子	wife
qù	去	to go
qún	群	group
ràng	讓	to let, to cause
ránhòu	然後	then
rén	人	person, people
rénjiān	人間	human world
rénmen	人們	people
rènshì	認識	to know
rènwéi	認為	to think
róngyì	容易	easy
róngyù	榮譽	honor
rù	入	into
rúguǒ	如果	if, in case
sà	卅	thirty (ancient word)
sān	三	three
sè	色	(indicates color)
sēnlín	森林	forest

shā	殺	to kill
shān	山	mountain
shàng	上	on, up
shàng yícì	上一次	last time
shānghài	傷害	to hurt
shàngtiān	上天	heaven
shǎo	少	less
shé	蛇	snake
shuí	誰	who
shén	神	spirit, god
shēnbiān	身邊	around, alongside
shēngbìng	生病	sick
shēnghuó	生活	life, to live
shēngmìng	生命	life
shēngqì	生氣	angry
shēngwù	生物	living beings
shēngyīn	聲音	sound
shéngzi	繩子	rope
shénme	什麼	what
shēnshang	身上	on one's body
shí	十	ten
shí	時	time
shì	事	thing
shì	是	yes
shì búshì	是不是	is or is not?
shì de	是的	yes, it is
shíhòu	時候	time
shíjiān	時間	time
shìjiè	世界	world
shìqíng	事情	thing
shǒu	手	hand

shǒuzhǐ	手指	finger
shù	樹	tree
shū	輸	to lose
shuì	睡	to sleep
shuǐ	水	water
shuì bùzháo	睡不著	can't sleep
shuǐguǒ	水果	fruit
shuìjiào	睡覺	to go to bed
shuìzháo	睡著	sleeping
shùlín	樹林	forest
shuō (huà)	說(話)	to say
sì	四	four
sǐ	死	dead
sìzhōu	四周	around
sòng	送	to give
suì	歲	years of age
suīrán	雖然	although
suǒyǐ	所以	so, therefore
suǒyǒu	所有	all
tǎ	塔	tower
tā	他	he, him
tā	她	she, her
tā	它	it
tái	抬	to lift
tài	太	too
tàiyáng	太陽	sunlight
tán	談	to talk
tāng	湯	soup
táo	桃	peach
tiān	天	day, sky
tiān fǎ	天法	heaven's law

tiānqì	天氣	weather
tiānshàng	天上	heaven
tiáo	條	(measure word for narrow, flexible things)
tīng	聽	to listen
tīng dào	聽到	heard
tīng shuō	聽說	it is said that
tóng	同	same
tóu	頭	head
tóufà	頭髮	hair
tuī	推	to push
túrán	突然	suddenly
wàimiàn	外面	outside
wán	完	to finish
wán	玩	to play
wǎn	晚	late, night
wǎn xiē shíhòu	晚些時候	later
wǎn'ān	晚安	good night
wǎnfàn	晚飯	dinner
wǎng	往	to
wàngjì	忘記	to forget
wǎnshàng	晚上	at night
wèi	位	place, (measure word for people, polite)
wèilái	未來	future
wèile	為了	in order to
wèishénme	為什麼	why
wèn	問	to ask
wèntí	問題	question, problem
wǒ	我	I, me
wǔ	五	five

wúyòng	無用		useless
xi	西		west
xī	溪		stream
xià	下		under, down
xiàlái	下來		down
xiàmiàn	下面		below
xiān	先		first
xiàng	像		resemble
xiàng	向		to
xiǎng	想		to miss, to think about
xiāng	香		fragrant
xiǎng yào	想要		to want
xiǎngqǐ	想起		to recall
xiàngshàng	向上		upwards
xiāngxìn	相信		to believe, to trust
xiānshēng	先生		Mister
xiànzài	現在		just now
xiào	笑		to laugh
xiǎo	小		small
xiǎoshí	小時		hour
xiǎoxīn	小心		be careful
xiàtiān	夏天		summer
xiàyǔ	下雨		rain
xiě	寫		to write
xiē	些		some
xiézi	鞋子		shoe
xǐhuān	喜歡		to like
xìn	信		letter
xīn	心		heart
xǐng	醒		to wake up
xìngfú	幸福		happy

xīngqí	星期	week
xīntiào	心跳	heartbeat
xiōngdì	兄弟	brothers
xīwàng	希望	to hope
xǐzǎo	洗澡	to take a bath
xǔduō	許多	a lot of
xuě, xuè	血	blood
xuě	雪	snow
xūyào	需要	to need
yáng	羊	goat or sheep
yǎnjīng	眼睛	eye
yánsè	顏色	color
yào	藥	medicine
yào	要	to want
yāoguài	妖怪	monster
yāoqiú	要求	to request
yě	也	also
yī	一	one
yī (fu)	衣(服)	clothes
yìbiān	一邊	side
yìdiǎn ('er)	一點(兒)	a little
yídìng	一定	for sure
yígòng	一共	altogether
yǐhòu	以後	after
yīhuǐ'er	一會兒	for a little while
yǐjīng	已經	already
yín	銀	silver
yīnggāi	應該	should
yīnwèi	因為	because
yīnyuè	音樂	music

yìqǐ	一起	together
yǐqián	以前	before
yìshēng	一生	lifetime
yīshēng	醫生	doctor
yìsi	意思	meaning
yìxiē	一些	some
yìzhí	一直	always
yǐzi	椅子	chair
yòng	用	to use
yóu	遊	to swim, to tour
yòu	又	also
yǒu	有	to have
yòu shì	又是	again
yǒumíng	有名	famous
yǒurén	有人	someone
yǒuxiē	有些	some
yú	魚	fish
yǔ	雨	rain
yù dào	遇到	encounter
yuǎn	遠	far
yuànyì	願意	willing
yún	雲	cloud
zài	再	again
zài	在	at
zài yícì	再一次	one more time
zàijiàn	再見	goodbye
zāng	臟	dirty
zǎo	早	early
zěnme	怎麼	how
zěnmeyàng	怎麼樣	how about it
zhàn	站	to stand

zhàndòu	戰鬥	fighting
zhǎo	找	to look for
zhe	著	(indicates action in progress)
zhè	這	this
zhème	這麼	such
zhēn de	真的	really!
zhāng	章	chapter
zhèngzài	正在	(-ing)
zhèxiē	這些	these
zhèyàng	這樣	such
zhǐ	只	only
zhī	隻	(measure word for animals)
zhǐ néng	只能	can only
zhīdào	知道	to know
zhǐshì	只是	just
zhǐyào	只要	as long as
zhǐyǒu	只有	only
zhōng	中	in
zhù	住	to live
zhuā	抓,	to grab, to arrest
zhuàng	幢	(measure word for buildings, houses)
zhǔnbèi	準備	ready, prepare
zhuōzi	桌子	table
zhǔrén	主人	host, master
zhǔyì	主意	idea
zì	字	word
zìjǐ	自己	oneself
zǒng shì	總是	always
zǒu	走	to go, to walk
zǒulù	走路	to walk down a road
zuì	最	most

zuì	醉	drunk
zuǐ	嘴	mouth
zuìhòu	最後	at last, final
zuò	做	do
zuò	坐	to sit
zuò	座	seat, (measure word for mountains, temples, big houses)
zuò dé duì	做得對	right

About the Authors

Jeff Pepper (author) is President and CEO of Imagin8 Press, and has written dozens of books about Chinese language and culture. Over his thirty-five year career he has founded and led several successful computer software firms, including one that became a publicly traded company. He's authored two software related books and was awarded three U.S. software patents.

Dr. Xiao Hui Wang (translator) has an M.S. in Information Science, an M.D. in Medicine, a Ph.D. in Neurobiology and Neuroscience, and 25 years experience in academic and clinical research. She has taught Chinese for over 10 years and has extensive experience in translating Chinese to English and English to Chinese.